Sicherheit – interdisziplinäre Perspektiven

Herausgegeben von
Thomas Jäger, Universität zu Köln, Köln, Deutschland
Nicole Krämer, Universität Duisburg-Essen, Duisburg, Deutschland
Norbert Pohlmann, Westfälische Hochschule, Gelsenkirchen, Deutschland

AF167566

Weitere Informationen zu dieser Reihe finden Sie unter
http://www.springer.com/series/13807

Interdisziplinäre Buchreihe „Sicherheit"

Sicherheit ist zu einer Signatur unserer Zeit geworden. Technische und gesellschaftliche Veränderungen transformieren dabei die Bedingungen, unter denen Sicherheit erlangt werden soll, kontinuierlich. Die Herausforderungen und Risiken liegen auf allen Gebieten der gesellschaftlichen, wirtschaftlichen und politischen Ordnung. Bedrohungen und Bedrohungswahrnehmungen haben sich in den letzten Jahren verschärft und scheinen keinen ordnungspolitischen Rahmen zu haben.

Soziale, ökologische, ökonomische, innere und äußere Sicherheit, Fragen der Organisation von Sicherheitsinstitutionen, Prozesse des Normwandels und der Diskursgestaltung, unterschiedliche Ausprägungen von Kommunikation mit vielfältigen Akteuren sowie die Verzahnung verschiedenster Herausforderungen greifen ineinander über.

Analysen und Darstellungen, die über einen spezifischen Fachbereich hinausreichen und verschiedene Bereiche des gesellschaftlichen Lebens einbeziehen oder unterschiedliche analytische Zugänge vereinen, finden durch die interdisziplinäre Buchreihe „Sicherheit" den Zugang zu den Lesern unterschiedlicher Fächer.

Astrid Hofer • Martin Weiß

Wirtschafts- und Industriespionage

Informationsgewinnung – Management – Kompetenz

 Springer

Astrid Hofer
Berndorf, Österreich

Martin Weiß
Mannersdorf, Österreich

Sicherheit – interdisziplinäre Perspektiven
ISBN 978-3-658-09232-0   ISBN 978-3-658-09233-7 (eBook)
DOI 10.1007/978-3-658-09233-7

Die Deutsche Nationalbibliothek verzeichnet diese Publikation in der Deutschen Nationalbi-
bliografie; detaillierte bibliografische Daten sind im Internet über http://dnb.d-nb.de abrufbar.

Springer
© Springer Fachmedien Wiesbaden 2016

Gedruckt auf säurefreiem und chlorfrei gebleichtem Papier

Springer Fachmedien Wiesbaden ist Teil der Fachverlagsgruppe Springer Science+Business Media
(www.springer.com)

Vorwort

Klein- und mittelständische Unternehmen sind der Motor unseres Wirtschaftsstandorts. Sie bieten Arbeitsplätze für eine Vielzahl an Professionen, fördern Innovation und erhöhen hierdurch das Humankapital des Wirtschaftsstandorts. In der heutigen Wissensgesellschaft und der Möglichkeit der raschen Informationsweitergabe mittels unterschiedlicher Technologien bedarf es eines für jedes Unternehmen maßgeschneiderten Schutzes seiner Geschäfts- und Betriebsgeheimnisse, um seine Wettbewerbsposition nachhaltig aufrecht zu erhalten.

Der Fortbestand eines Unternehmens kann durch Wirtschafts- und Industriespionage langfristig gefährdet werden. Unmittelbar ist jedenfalls die Wettbewerbsfähigkeit des betroffenen Unternehmens bedroht, und dieser Verlust kann oftmals nicht durch Beschreiten des Rechtswegs ausgeglichen werden. Daher liegt es in der Verantwortung des Managements das Risiko der Betroffenheit durch Wirtschafts- oder Industriespionage bestmöglich zu minimieren.

Die vorliegende Arbeit gibt keine starren Konzepte an, sondern skizziert die unterschiedlichen Methoden der Akteure im Bereich Wirtschafts- und Industriespionage und den Graubereich zwischen legaler und illegaler Informationsgewinnung in der Wirtschaft. In Verbindung gebracht mit bekannten Managementtools, kann zum Schutz des eigenen Unternehmens, das Management optimiert werden.

Dieser Schutz lässt sich nicht ausschließlich durch technische Maßnahmen gewährleisten, sondern es gilt, in einem ganzheitlichen Ansatz, die wichtigste Ressource eines Unternehmens, die Mitarbeiterinnen und Mitarbeiter, aktiv einzubinden. In einem interdisziplinären Zugang können bekannte Werkzeuge aus der Personal- und Organisationslehre unternehmensintern herangezogen werden, um eine Unternehmenskultur zu fördern, in der Vertrauen, Loyalität gegenüber dem Unternehmen und den Mitarbeiterinnen und Mitarbeitern sowie die Berücksichtigung der individuellen Bedürfnisse gelebt werden. In diesem Umfeld führt das gemeinsame und bewusste Management von Informationen zu einer starken Sicherheitskultur.

Mag.ª Johanna Mikl-Leitner,
Bundesministerin für Inneres, Republik Österreich

Inhalt

Abbildungsverzeichnis

Abkürzungsverzeichnis

ARGE	Arbeitsgemeinschaft
B2B	Business-to-Business
B2C	Business-to-Consumer
BfV	Bundesamt für Verfassungsschutz (Deutschland)
BIP	Bruttoinlandsprodukt
BKMS	Business Keeper Monitoring System
BMJ	Justizministerium (Österreich)
BMLFUW	Bundesministerium für Land- und Forstwirtschaft, Umwelt und Wasserwirtschaft (Österreich)
BVT (.BVT)	Bundesamt für Verfassungsschutz und Terrorismusbekämpfung
BYOD	bring your own device
bzw.	beziehungsweise
CCC	China Compulory Certificate
CEO	Chief Executive Officer
CE-System	CE-Kennzeichnung
CIA	Central Intelligence Agency (USA)
d. h.	das heißt
DoS	Denial of Service
etc.	et cetera
EU	Europäische Union
F&E	Forschung und Entwicklung
Hg.	Herausgeber
HR	Human Resources
HUMINT	Human Intelligence
IKT	Informations- und Kommuniktionstechnologie
IT	Informationstechnik
KMU	Klein- und mittelständische Unternehmen
KPMG	KPMG International Cooperative (Genossenschaft schweizerischen Rechts)
LKA	Landeskriminalamt

NRW   Nordrhein-Westfalen

OSINT   Open Source Intelligence

PPP   Private Public Partnership

PwC   Pricewaterhouse Coopers

sog.   sogenannt/sogenannte(r)

SOMINT   Social Media Intelligence

StGB   Strafgesetzbuch

TECHINT   Technical Intelligence

udgl.   und dergleichen

UMTS   Universal Mobile Telecommunications System

USA   United States of America

USB   Universal Serial Bus

UWG   Gesetz gegen den unlauteren Wettbewerb

VPN   Virtual Private Network

WIS   Wirtschafts- und Industriespionage

z. B.   zum Beispiel

Die unterschätzte Gefahr

So hatte sich das Kärntner Unternehmen im Bereich der Erneuerbaren Energien seinen Auslandserfolg nicht vorgestellt: Die in mehrjähriger Arbeit entwickelte, hochkomplexe Steuerungssoftware für Windräder wurde bereits im Frühjahr 2011 in den Anlagen des chinesischen Konkurrenten Sinovel eingesetzt. Die Software war jedoch nie an Sinovel verkauft worden.

Hinter dem Aufsehen erregenden Kriminalfall stand jedoch keine der vielzitierten Cyber-Attacken, die derzeit die Fantasien der Medien beflügeln, sondern klassische Industriespionage: Ein leitender Mitarbeiter des Unternehmens hatte dem chinesischen Konkurrenten die Steuerungssoftware zukommen lassen, die letztlich das Herz einer Windkraftanlage darstellt. Für die Übersendung der Software bzw. des Source Codes erhielt der (ehemalige) Mitarbeiter des österreichischen Unternehmens 15.000 Euro. Weiteres lag ihm bereits ein unterschriftsreifer Arbeitsvertrag seitens des chinesischen Unternehmens vor.

Die Folgen seiner Spionage-Tätigkeit waren jedoch für das mittelständische Unternehmen in Kärnten mit knapp 200 Mitarbeitern dramatisch. Die Österreich-Tochter eines amerikanischen Unternehmens musste im Jahr 2011 nach Angaben der Geschäftsführung rund 96 Millionen Euro abschreiben sowie 40 Arbeitnehmer bei dem österreichischen Arbeitsmarktservice zur Kündigung voranmelden. Der Gesamtschaden für den Konzern wurde auf rund 250 Millionen US-Dollar geschätzt.

Wenngleich Schätzungen über den tatsächlichen monetären Schaden, aufgrund der Problematik der Referenzkennzahl – Umsatzentgang, Entwicklungskosten, Marktanteile, etc. – sich grundsätzlich sehr schwierig gestalten, so steht im vorliegenden Beispiel außer Frage, dass Industriespionage im Auftrag des Hauptkunden des Unternehmens zweifelsfrei für das österreichische Unternehmen bzw. für den Gesamtkonzern existenzbedrohend sein konnte.

Dieses Beispiel ist kein Einzelfall. Im Schatten des Cybercrime-Hypes blüht die klassische Industriespionage mehr denn je. Sie trifft nicht nur internationale

Großunternehmen, sondern zunehmend innovative klein- und mittelständische Unternehmen. Wirtschafts- und Industriespionage gefährden die Existenz von Betrieben und schädigt ganze Volkswirtschaften. Das Hauptproblem ist das sogenannte doppelte Dunkelfeld, denn Wirtschafts- und Industriespionage sind im Regelfall unauffällig und daher besonders gefährlich. So werden zum einen viele Fälle von Industriespionage gar nicht erst entdeckt, und zum anderen werden die wenigen unternehmensintern aufgedeckten und als Wirtschafts- oder Industriespionage identifizierten Fälle nur sehr selten den Sicherheitsbehörden gemeldet. Zumeist wird aus unternehmenspolitischen Gründen von einer strafrechtlichen Verfolgung abgesehen. Die subjektive Angst vor einem Reputationsschaden und somit der Wettbewerbsstellung wird oftmals als Begründung angeführt.

1.1   Immer mehr Probleme durch Wirtschaftskriminalität

Industriespionage – die illegale Beschaffung von unternehmensinternem Wissen durch konkurrierende Unternehmen – und die staatlich gelenkte Wirtschaftsspionage sind Teil der weltweit wachsenden Wirtschaftskriminalität. Diese hat viele Facetten. Sie reicht von Insolvenzdelikten, Subventionsbetrug, Kreditbetrug und Wucher[1] bis hin zur Spionage.

Aus dem allgemeinen Begriffsverständnis heraus, dass Wirtschaftskriminalität ausschließlich im traditionellen Wirtschaftsumfeld stattfindet, formulierte bereits Sutherford (1939), dass vorwiegend die höheren sozialen Schichten Wirtschaftskriminalität im engeren Sinn betreiben. Hier widersprach er der gängigen Ansicht seiner Zeit, dass insbesondere „blue collar crime" stattfand, d. h. dass vor allem die unteren sozialen Schichten kriminell waren.

Durch den technischen Fortschritt ist der Zugang zur „Wirtschaftswelt" einfacher denn je, und das Verständnis von Wirtschaftskriminalität hat sich nicht zuletzt durch die Möglichkeiten des Internets und der damit verbundenen Internationalisierung von Geschäftsvorgängen bzw. Geschäftsformen verändert. Wirtschaftskriminalität ist heute eine moderne interdisziplinäre Wissenschaft, die Delikte im Finanz-, Wirtschafts- und Sozialsystem umfasst, und zunehmend die Rolle der Täter und deren Motivationen sowie Konzepte der Bekämpfung auf nationaler, europäischer und internationaler Ebene miteinschließt.

---

[1]   Gabler Wirtschaftslexikon (2013), Stichwort: Wirtschaftskriminalität.

„Neben dem strafrechtlichen Verbrechensbegriff ist unter Wirtschaftskriminalität das sozial schädliche Verhalten im Wirtschaftsleben zu verstehen, soweit dieses mit Strafe bedroht ist. [...] Schließlich handelt es sich bei der Wirtschaftskriminalität vorwiegend um Verbandsdelinquenz, also solche, die im Rahmen der Geschäfte von Unternehmen und Betrieben verübt wird."[2]

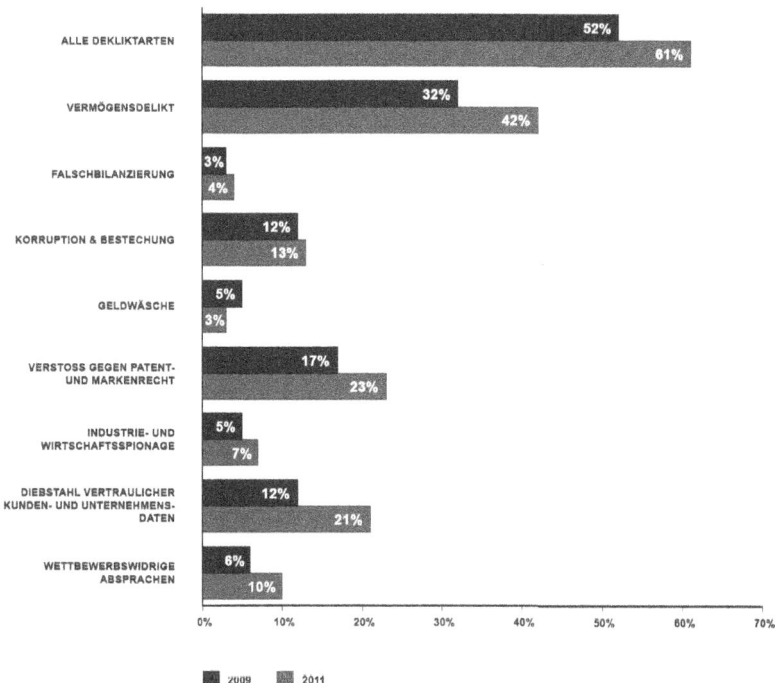

Abb. 1 Entwicklung der Wirtschaftskriminalität in Deutschland
© Eigene Darstellung: Werte übernommen aus PwC (2011), S. 17

Nach Erhebungen war in Deutschland im Jahr 2011 bereits jedes zweite Unternehmen durch die Verwirklichung eines wirtschaftsrelevanten Straftatbestandes von einem Schadensfall betroffen.[3] Die Bedrohung durch Wirtschaftskriminalität ist

---

2 (Schwind, 2007), S. 43.
3 Vgl. PwC (2011), S. 17.

deshalb unüberschaubar, da es sich bei Wirtschaftskriminalität nicht um einen taxativ aufzählbaren Straftatenkatalog handelt, sondern um alle Straftaten, die in einem wirtschaftlichen Bezug stehen bzw. aus diesem Blickwinkel betrachtet werden können.[4]

Die kriminalistische Analyse zeigt, dass neben klassischen Vermögensdelikten vorwiegend Delikte begangen werden, die sich mittelbar oder unmittelbar auf Geschäfts- und Betriebsgeheimnisse und immaterielle Güter (Patente, Marken) eines Unternehmens beziehen. Der vergleichsweise niedrige statistische Wert bei der Wirtschafts- und Industriespionage (siehe Grafik 1) dokumentiert einmal mehr, dass es sich hierbei um ein absolutes Tabuthema handelt, welches mitunter durch fehlendes Bewusstsein auf der Managementebene verstärkt wird. Denn wenngleich Fälle von Spionage oftmals nicht offiziell gemeldet werden, so wiegt es umso schwerer für die Erfassung der Gesamtbedrohung durch Wirtschafts- oder Industriespionage, dass entsprechende Vorgänge im Unternehmen mitunter anderen Delikten, beispielsweise dem „Diebstahl vertraulicher Unternehmensdaten", zugeordnet werden.

„Diebstahl vertraulicher Unternehmensdaten" umfasst Daten, welche nicht bereits aus Zertifizierungsverfahren, damit einhergehenden Veröffentlichungspflichten (jährlichen) oder aus Bilanzen, Webauftritten etc. hervorgehen. Die Frage nach den Kundendaten als Geschäfts- und Betriebsgeheimnis kann nur in bestimmten Fällen positiv beantwortet werden. Sollte es sich um komplexes Datenmaterial

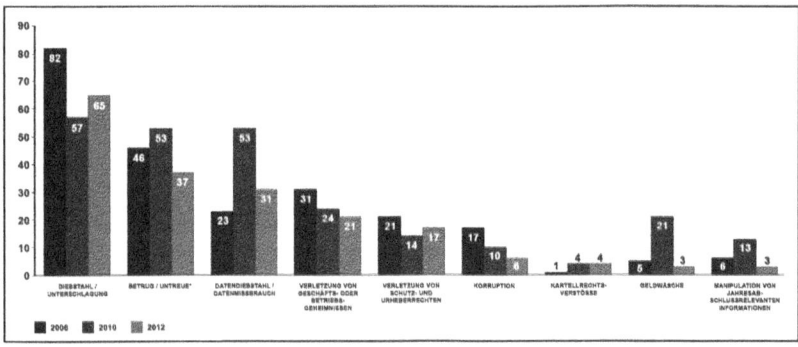

Abb. 2   Arten der Wirtschaftskriminalität in Deutschland
© Eigene Darstellung: Werte übernommen aus KPMG (2012), S. 11

---

4   Vgl. PwC (2011), S. 5ff.

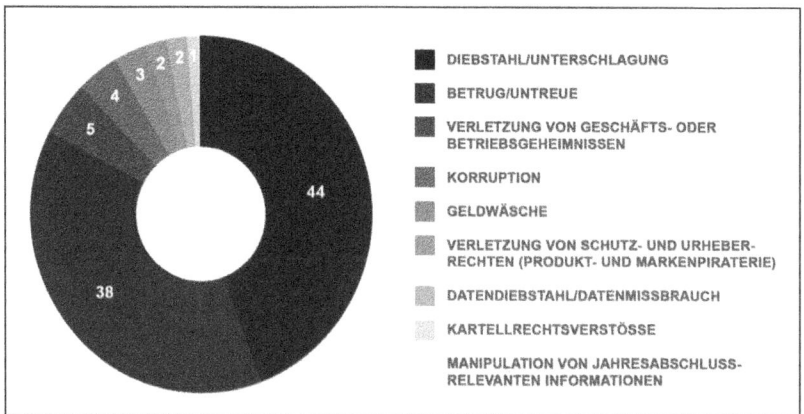

DIEBSTAHL/UNTERSCHLAGUNG

BETRUG/UNTREUE

VERLETZUNG VON GESCHÄFTS- ODER
BETRIEBSGEHEIMNISSEN

KORRUPTION

GELDWÄSCHE

VERLETZUNG VON SCHUTZ- UND URHEBER-
RECHTEN (PRODUKT- UND MARKENPIRATERIE)

DATENDIEBSTAHL/DATENMISSBRAUCH

KARTELLRECHTSVERSTÖSSE

MANIPULATION VON JAHRESABSCHLUSS-
RELEVANTEN INFORMATIONEN

Abb. 3   Delikttypen der Wirtschaftskriminalität (Deutschland)
© Eigene Darstellung: Werte übernommen aus KPMG (2012), S. 12

handeln, welches das Unternehmen selbst durch eigene Analyse in diesen Zusammenhang gebracht hat, oder um Daten, welche dem Unternehmen durch seinen
speziellen Unternehmenszweck bekannt geworden sind (z. B. IT-Unternehmen,
Rechnungsprüfer) so können Geschäfts- und Betriebsgeheimnisse vorliegen bzw.
sind diese Daten durch eigene Strafbestimmungen geschützt.

1.2   Verdrängt Cybercrime Wirtschafts- und Industriespionage?

Aktuell scheint die breite mediale Diskussion über Bedrohungen durch Cybercrime
das höchst reale Problem der Wirtschafts- und Industriespionage aus dem Blickfeld
von Öffentlichkeit und Unternehmen verdrängt zu haben. Das jedoch vollkommen
zu Unrecht, denn trotz der wachsenden Bedeutung von Internet-Kriminalität ist
es falsch, Wirtschafts- und Industriespionage als Untergruppe von Cybercrime
anzusehen. Cybercrime ist keine klar abgrenzbare Kriminalitätsform, sondern der
Cyber-Bereich ist das Instrument zur Begehung unterschiedlicher strafrechtlicher
Delikte.

Internet-Kriminalität hat den „Vorteil", messbar zu sein. Cyber-Kriminelle
hinterlassen in der digitalen Welt zudem reale Spuren. Gegen Cybercrime schüt-

zen sich immer mehr Unternehmen mit technischen Sicherungsmethoden. Die Bandbreite reicht von der einfachen Zugriffskontrolle bis zur Firewall. Obgleich Unternehmen hierdurch zweifellos sicherer gegen Angriffe auf ihre Geschäfts- und Betriebsgeheimnisse bzw. ihr Unternehmens-Know-how werden, so liegt der Fokus ausschließlich auf der technischen Komponente bzw. auf Bedrohungen im Cyber-Bereich. Gegen die Akteure der Wirtschafts- und Industriespionage sind diese Barrieren jedoch nur sehr eingeschränkt wirksam, denn hier hat ein weitaus komplexerer Risikofaktor die Schlüsselrolle – der Mensch.

1.3   Täter aus dem Haus

Umfragen in Deutschland und Österreich[5] zeigen klar, dass Unternehmen heute nicht primär und nicht ausschließlich im IT-Bereich angegriffen werden. Das schwächste Glied in Unternehmen sind und bleiben die Mitarbeiter.

Studien zur Wirtschaftskriminalität arbeiten die Schlüsselrolle des Mitarbeiters klar heraus. Eine KPMG-Studie kommt etwa zu folgendem Schluss: „Die Täter kamen in den vergangenen zwei Jahren zu einem großen Teil aus den eigenen Unternehmensreihen. Die befragten Mittelständler in Deutschland gaben an, dass in 48 Prozent der aufgedeckten Fälle eigene Mitarbeiter straffällig wurden (Österreich, Schweiz: 40 Prozent). In den 100 größten Unternehmen verhielt es sich ähnlich (Deutschland: 48 Prozent, Österreich: 41 Prozent, Schweiz: 57 Prozent). In mehr als jedem dritten Fall war dabei das Management und das Top-Management in die Taten involviert, bei den betroffenen Top 100-Unternehmen waren es in Deutschland sogar noch höhere Prozentzahlen. Deutsche Unternehmen vermuten als begünstigende Faktoren unter anderem mangelndes Unrechtsbewusstsein, klassisches Fehlverhalten, unzureichende Kontrollstrukturen und Schulungsdefizite. In Österreich wird hier vor allem das fehlende Unrechtsbewusstsein genannt, in der Schweiz die unzureichenden Kontrollstrukturen".[6]

Für den Bereich der Wirtschafts- und Industriespionage belegt eine im Jahr 2010 in Österreich durchgeführte Studie[7] die zentrale Rolle der Mitarbeiter. Die Erhebung zeigt, dass ehemalige Mitarbeiter in 48 % und aktive Mitarbeiter in 9 % der Fälle von durch Wirtschafts- und Industriespionage betroffenen Unternehmen für den Abfluss bzw. Verlust von unternehmensinternem Know-how verantwortlich

---

5   Anmerkung: Siehe Abbildung 1 bis 5
6   KPMG (2012), S. 7.
7   siehe hierzu: FHCW / .BVT (2010).

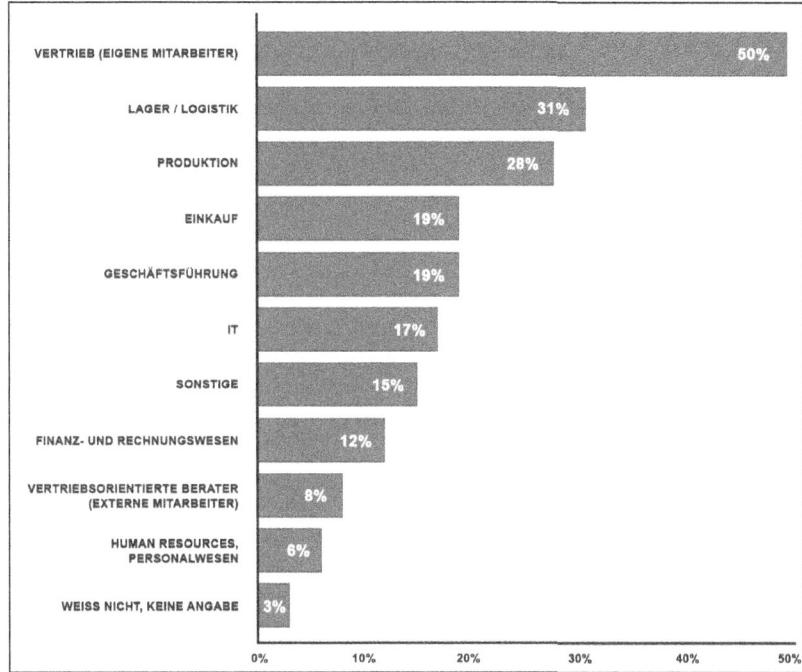

Abb. 4   Von Wirtschaftskriminalität betroffene Bereiche (Deutschland)
© Eigene Darstellung: Werte übernommen aus KPMG (2012), S. 13

waren. Fachkundige Juristen betonen wiederholt die Bedeutung des Faktors Mensch und fordern seine Beachtung im Bereich Prävention vor Wirtschafts- und Industriespionage insbesondere durch das Management.[8]

---

8   Petsche-Demmel (2013), o. S..

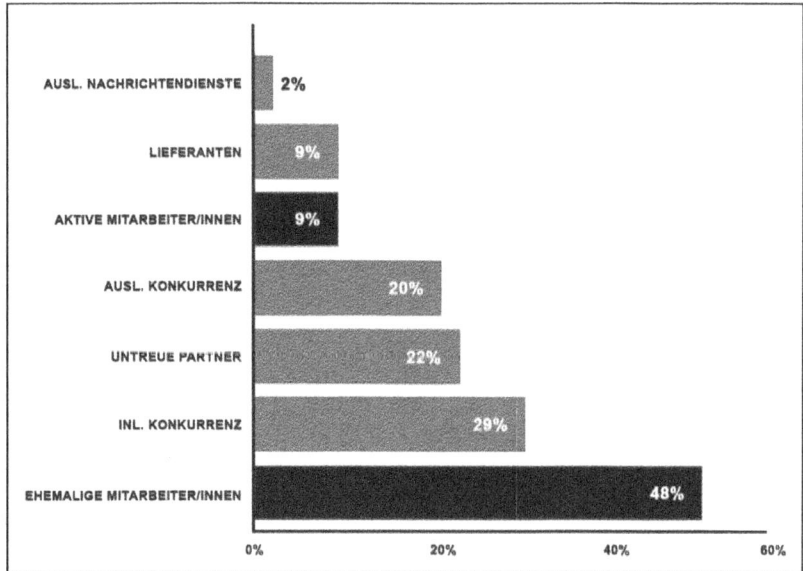

Abb. 5   Abfluss sensibler Informationen im Ereignisfall (Österreich)
© Eigene Darstellung: Werte übernommen aus WKÖ / FHCW / BVT (2011), S. 9

Die Bezeichnung ehemalige Mitarbeiter kann allerdings unterschiedlich interpretiert werden, denn nicht bereits die „Mitnahme" der während des Anstellungsverhältnisses erworbenen Fähigkeiten und Kenntnisse zu einem neuen Arbeitgeber stellt eine Form von Industriespionage dar, sondern das Ausspionieren von Geschäfts und Betriebsgeheimnissen zu Zwecken der Verwertung dieser Informationen bzw. dieses Wissens ist strafrechtlich unmittelbar relevant. Hier ist bewusstes Handeln erforderlich. Wenn jedoch Schlüsselmitarbeiter aus beispielsweise dem Einkauf, der Entwicklung, der Produktion oder aber der Rechtsabteilung oder der Assistenz der Geschäftsleitung von einem anderen Unternehmen (aktiv) abgeworben werden, so scheidet oftmals wertvolles Humankapital aus dem Unternehmen aus, welches jedenfalls nicht direkt ersetzt werden kann. Wenngleich hier mitunter andere rechtliche Normen herangezogen werden können, so ist dennoch für das Unternehmen relevantes Wissen durch bewusste Aktivitäten der Konkurrenzunternehmen bzw. anderer branchen-affiner Unternehmen von dem betroffenen Unternehmen abgeflossen, ohne Spionage zu betreiben.

Offensichtlich ist das Auseinandertriften bezüglich der Wahrnehmung von Spionageaktivitäten – wie dies durch die Cyber-Spionage Debatte verdeutlicht wird,

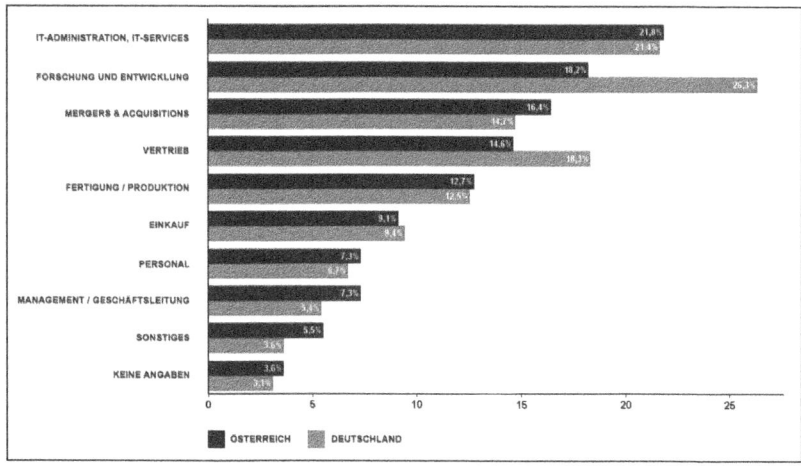

Abb. 6   Von Spionage bzw. Informationsabfluss betroffene Bereiche
© Eigene Darstellung. Werte übernommen aus Corporate Trust (2014), S. 27

und der tatsächlichen vielfältigen Handlungen von Akteuren der Wirtschafts- und Industriespionage. „Da die meisten Hackerangriffe in den IT-Abteilungen identifiziert werden, wird die Spionage vermutlich für diese Abteilung gewertet, auch wenn sie unter Umständen ein völlig anderes Ziel verfolgte."[9] So weist die Corporate Trust Studie aus dem Jahr 2014 den IT-Bereich als jenen Bereich, in dem spioniert wurde bzw. der Informationsabfluss stattfand mit 21,8 % noch vor dem Bereich Forschung & Entwicklung (18,2 %) aus.

1.4 Von Unachtsamkeit zu krimineller Energie

Aus kriminalistischer Sicht ist die Einschränkung geboten, dass Mitarbeiter nicht zwangsläufig bewusste wirtschaftskriminelle Handlungen setzen, um sich dadurch zu bereichern – wenngleich dies häufig der Fall ist. Wenn Unternehmen ihre Produkte bzw. Geschäfts- und Betriebsgeheimnisse plötzlich in den Händen der Konkurrenz sehen, ist das nicht immer das Ergebnis krimineller Energie. Vielmehr können unachtsame Handlungen in unterschiedlichen Situationen oder

---

9   Corporate Trust (2014).

die unbewusste Weitergabe von Informationen an andere Unternehmen, die diese Produkte weiterverarbeiten sollen, ebenfalls für unangenehme und das eigene Unternehmen schädigende Überraschungen sorgen.

1.5   Kritische Situationen

Die Relevanz der Unternehmensgröße für die Anfälligkeit von Mitarbeitern bezüglich eines Angriffs durch Wirtschafts- oder Industriespionage wird oftmals überschätzt. Denn in einem Unternehmen mit wenigen Mitarbeitern mag die Gefahr grundsätzlich geringer sein, dass ein Mitarbeiter ihm anvertraute Geschäfts- und Betriebsgeheimnisse verwertet oder diese ausspäht. Falls jedoch bestimmte, insbesondere psychische Komponenten hinzutreten, ist ebenfalls ein erhöhtes Gefahrenpotential gegeben.

Bestimmte Situationen in Unternehmen können bewusste Industriespionage-Aktivitäten begünstigen. Das sind neben den langfristigen Komponenten einer negativen Unternehmenskultur oder schlechter Arbeitsbedingungen, vor allem Umstrukturierungsphasen von Unternehmen. In Phasen der Organisationsentwicklung kommt es zu Arbeitsplatzverschiebungen, der Nichtberücksichtigung von bestehenden Allianzen/Subkulturen und zu Freistellungen von Mitarbeitern. Wenn nun Mitarbeiter unfreiwillig aus dem Unternehmen ausscheiden, kann hierdurch die psychische Grundlage für die Begehung einer Wirtschafts- oder Industriespionage-Straftat geschaffen werden. Daher sind neben mannigfaltigen einfachen Maßnahmen während des betrieblichen Lebenszyklus eines Mitarbeiters speziell während des Prozesses des Ausscheidens aus dem Unternehmen bestimmte Sicherungsprozesse im technischen Bereich sowie eine Begleitung durch die Human-Resources-Verantwortlichen geboten. So lässt sich der Abfluss von sensiblem Know-how verhindern – siehe hierzu mehr im Kapitel zum Thema Personalmanagement. Beim eingangs erwähnten Beispiel des kärntner Windkraftanlagenunternehmens wurde dem betreffenden Mitarbeiter nach seiner Kündigung und faktischen Abwesenheit durch den Verbrauch seines Resturlaubs sein Email-Account nicht mit sofortiger Wirkung gesperrt, wodurch der weitere Zugriff auf Unternehmensinterna und der Abfluss dieser sensiblen Informationen möglich war.

1.6   Alle Unternehmensbereiche anfällig

Während Wirtschaftsdelikte wie Betrug und Korruption meist im Top-Management angesiedelt sind, werden Delikte im Bereich Wirtschafts- und Industriespionage von anderen Tätern verübt. Es handelt sich zumeist um jene Mitarbeiter, die in einem für den Auftraggeber von Wirtschafts- und Industriespionage relevanten Unternehmensbereich über ausreichende Expertise verfügen bzw. Schlüsselpositionen oder Brückenfunktionen innehaben. Nur an den Forschungsbereich oder die IT-Abteilung zu denken wäre hierbei zu übereilt zu Ende gedacht. Gerade Rechtsabteilungen – sie bereiten Verträge, Unternehmenszukäufe sowie Patente oder Markenschutz vor – sowie der Einkauf, die Produktion, die Qualitätskontrolle, der Assistenzbereich und der Vertrieb sind für Wirtschafts- und Industriespionage höchst interessante Bereiche.

1.7   Die Schattenseite der Internationalität

Gerade für exportstarke Nationen wie Deutschland und Österreich ist die Internationalisierung der Wirtschaftswelt ein Gewinn. Ein immer größerer Anteil des BIP wird im Auslandsgeschäft erwirtschaftet. Die Internationalisierung von Unternehmen bringt aber darüber hinaus neue Chancen für Wirtschafts- und Industriespionage. Dabei ist heute oft nicht alleine der unmittelbare Nachbau eines Produktes – das reverse engineering – der entscheidende Risikofaktor. Die zunehmende Internationalisierung der Unternehmen stellt neue Anforderungen an das Sicherheitsmanagement eines Unternehmens, denn der umfassende Schutz von Produkten und von unternehmensinternem sensiblem Know-how wird immer komplexer und schwieriger. Via überregionale oder internationale Kooperationen und Akquisitionen erhalten andere Unternehmen Zugang zu Wissen, das eigentlich im eigenen Betrieb verbleiben sollte. Jedoch ist es oftmals aus rechtlichen Gründen erforderlich dem Partnerunternehmen den Zugang zu gewähren, um einen Geschäftsabschluss tätigen zu können. In diesem Fall helfen keine technischen Barrieren, sondern ausschließlich gute und langfristig angelegte strategische Managemententscheidungen.

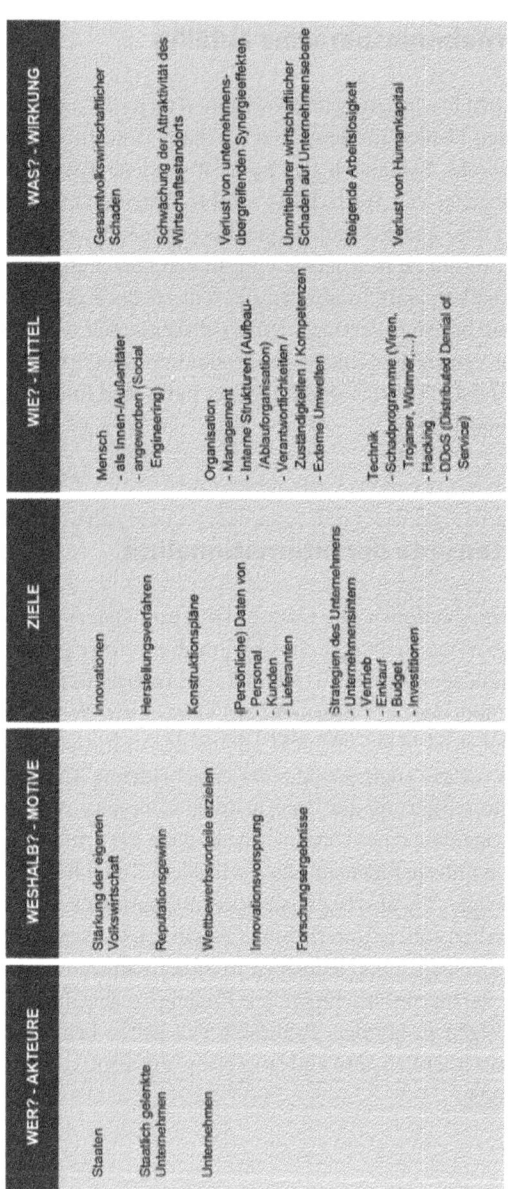

Abb. 7   Wirtschafts- und Industriespionage auf einen Blick

© Eigene Darstellung

Literatur

Corporate Trust (2014): Studie: Industrispionage 2014. Cybergeddon der österreichischen Wirtschaft durch NSA & Co.?. Wien, München.

FHCW/.BVT (2010): Gefahren durch Wirtschafts- und Industriespionage für die österreichische Wirtschaft. Studie 2010. Wien. downloadbar unter: www.bmi.gv.at/cms/ BMI_Verfassungsschutz/wis, Stand vom 05.12.2013.

Gabler Wirtschaftslexikon (Hg.) (2013): Stichwort: Wirtschaftskriminalität, siehe: http:// wirtschaftslexikon.gabler.de/Archiv/17740/wirtschaftskriminalitaet-v7.html, Stand vom 05.11.2013.

KPMG Studie 2012: Wirtschaftskriminalität in Deutschland 2012. KPMG.

Petsche-Demmel, Simone (2013): Wirtschaftsspione: Feinde im eigenen Unternehmen. in Wirtschaftsblatt online vom 29.03.2013. siehe: http://wirtschaftsblatt.at/home/nachrichten/recht_steuern/1381453/Wirtschaftsspione_Feinde-im-eigenen-Unternehmen, Stand vom 27.07.2013.

PwC Studie Wirtschaftskriminalität 2011, S. 17. siehe: http://www.pwc.de/de/risiko-management/studie-zur-wirtschaftskriminalitaet-2011-kommissar-zufall-deckt-am-meisten-auf.jhtml, Stand vom 17.01.2014.

Schwind, Hans-Dieter (2007). Kriminologie. Eine praxisorientierte Einführung mit Beispielen. (17. neubearbeitete und erweiterte Auflage Ausg.).: Kriminalistik Verlag, Heidelberg.

WKÖ/FHCW /.BVT (2011): Wirtschafts- und Industriespionage Handbuch Know-How-Schutz für die österreichische Wirtschaft. WKÖ. Wien.

Die Spionage-Pyramide 2

Um welches Wissen geht es bei Wirtschafts- und Industriespionage? Was genau ist Wirtschafts- und Industriespionage? Wo liegen die Grenzen zu regulärer Informationsbeschaffung, und wie können die Antworten auf diese Fragen ein Unternehmen vor den Abfluss von Know-How schützen? Schutz wird durch Wissen über Fakten und Prozesse ermöglicht und kann nur durch eine ganzheitliche Betrachtung eines Unternehmens sowie seiner internen und externen Umwelten stattfinden.

Die Diskussion über den Umfang und die Definition des schützenswerten Wissens in einem Unternehmen, den Geschäfts- und Betriebsgeheimnissen, kurz den Wirtschaftsgeheimnissen, und die Debatte über die Methoden der legalen oder illegalen Abflüsse von Wissen ist alles andere als neu. Sie wird seit mehr als hundert Jahren intensiv geführt.[10] Außer Frage steht dabei zunächst, dass sämtliches Wissen eines Unternehmens, welches der Öffentlichkeit zugänglich gemacht wurde, nicht in den Schutzbereich von Geschäfts- und Betriebsgeheimnissen fällt. Strafbar ist die Verwendung, Verwertung und Ausspähung von Geschäfts- und Betriebsgeheimnissen, wenn es sich dabei um internes Wissen handelt, welches der Unternehmer keinem Anderen bzw. keinem Fremden zugänglich machen möchte.

In diesem Zusammenhang ist die in den Gesetzesmaterialien zu § 125 TKG 2003 enthaltene Definition zu Wirtschaftsgeheimnissen aufschlussreich:

> „Betriebs- oder Geschäftsgeheimnisse sind Tatsachen kommerzieller oder technischer Art, die nur einem eng begrenzten, im Wesentlichen geschlossenen Personenkreis bekannt und für andere nicht oder nur schwer zugänglich sind. Der Berechtigte muss an der Geheimhaltung jedenfalls ein schutzwürdiges wirtschaftliches und objektiv berechtigtes Interesse haben."

---

10   siehe hierzu: Wassermann (1931).

Die Geheimnisdefinition erschließt sich daher zunächst aus einer Negativabgrenzung; kein Geheimnis stellen sohin all jene Unternehmensdaten dar, die in Registern, Datenbanken udgl. öffentlich zugänglich sind. Patente oder geschützte Marken sind somit nicht Gegenstand des Schutzes vor Wirtschafts- und Industriespionage. Ihr Schutz unterliegt eigenen gesetzlichen Normen.

In der Wirtschafts- und Unternehmenswelt gibt es unterschiedliche Möglichkeiten, Informationen zu gewinnen und zu verwerten. Der nachfolgende Überblick zeigt, welche wirtschaftlich bzw. unternehmerisch relevanten Informationen und Daten durch legale Methoden gewonnen werden können – und welcher Informationsabfluss erst durch die Anwendung illegaler Mittel möglich ist. Die „Spionagepyramide" beginnt daher bei regulärer Marktforschung – und endet bei echter Wirtschafts- und Industriespionage.

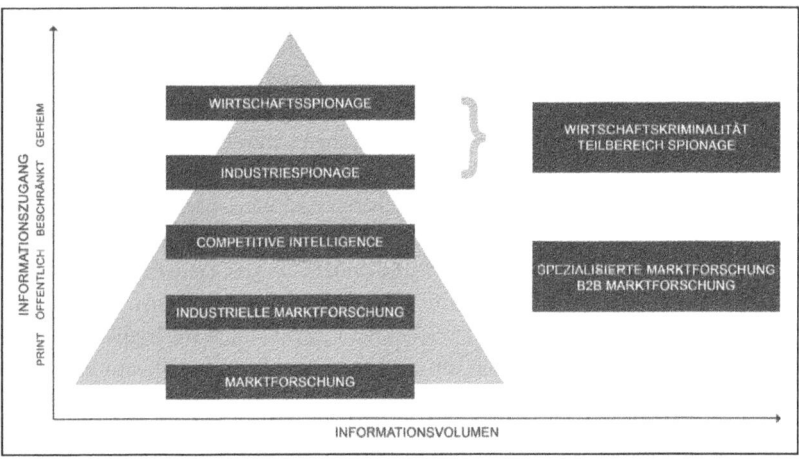

Abb. 8   Die Spionagepyramide
© Eigene Darstellung

2.1   Marktforschung: Grundlage für Marketing

Für viele Unternehmen ist es eine Selbstverständlichkeit, Marktforschung zu betreiben. Sie ermöglicht es dem Betrieb, auf Marktentwicklungen möglichst zeitnah zu reagieren und die eigene Wettbewerbsfähigkeit zu sichern: „Marktforschung ist die systematische Sammlung, Aufbereitung, Analyse und Interpretation von

Daten über Märkte und Marktbeeinflussungsmöglichkeiten zum Zweck der Informationsgewinnung für Marketingentscheidungen."[11] Die damit möglichen differenzierten Marketingentscheidungen betreffen alle Austauschbeziehungen eines Unternehmens: Sie beziehen sich sowohl auf unternehmensinternes Marketing, als auch auf Maßnahmen, die sich auf die Rohstoff-, Kapital- und Arbeitsmärkte (Beschaffungsmarketing), gegen Konkurrenzunternehmen (wettbewerbsorientiertes Marketing) sowie in Richtung der unmittelbaren Absatzmärkte (handelsgerichtetes Marketing) richten.[12]

Deshalb verfolgt die Marktforschung heute ein ganzheitliches Konzept, das die früher getrennten Methoden der Marktforschung und der Marketingforschung zu einem integrierten Marketing zusammenführt. So können die Unternehmen rasch auf sich verändernde interne und externe Bedingungen reagieren. Dazu zählen ebenso notwendige Reaktionen auf Aktivitäten von Konkurrenzunternehmen.

Eine Sonderform der Marktforschung, die sich von der Konsumgüter-Marktforschung – dem Business-to-Consumer-Segment (B2C) unterscheidet, ist die Business-to-Business-Marktforschung (B2B). Sie sorgt als Teil der Industriemarktforschung für die systematische und kontinuierliche Beobachtung, Analyse, Diagnose und Prognose der Situation und Entwicklung des Umfelds von Investitionsgüterunternehmen. Dabei stehen Beschaffungsmanagement, Absatzmärkte, aktuelle und potentielle Kunden und Wettbewerber im Mittelpunkt.

2.2 Competitive Intelligence: Konkurrenz am Prüfstand

Eine deutlich intensivere Auseinandersetzung mit der Konkurrenz findet auf der nächsten Stufe der „Spionagepyramide" statt: der sogenannten Competitive Intelligence. Während sich die Marktforschung zumeist auf vollständig erhobene Daten stützt, die in unmittelbaren Zusammenhang mit den untersuchten Märkten (Absatz-, Beschaffungsmärkte etc.) stehen, werden bei der Competitive Intelligence auch mittelbar marktrelevante sowie marktexterne Variablen und Daten in die Analyse miteinbezogen.

„Unter Competitive Intelligence versteht man die systematische, andauernde und legale Sammlung und Auswertung von Informationen über Konkurrenzunternehmen, Wettbewerbsprodukte, Marktentwicklungen, Branchen, neue Patente, neue Technologien oder Kundenerwartungen. Diese Konkurrenz- oder Wettbe-

---

11 Fantapié (2011), S. 4.
12 Vgl. Koch (2012), S. 4ff.

werbsaufklärung soll dazu dienen, frühzeitig ihre Strategien an die sich veränderten Wettbewerbsstrukturen anzupassen und aufgrund besserer Informationen einen Wettbewerbsvorteil zu erlangen,"[13] lautet *Schaafs* Definition von Competitive Intelligence, dem CEO von Corporate Trust.

Der Begriff Intelligence stammt ursprünglich aus dem militärischen Sprachgebrauch. Er kann am treffendsten mit (Früh- bzw. Feind-) "Aufklärung" beschrieben werden. Oftmals wird bei der Beschreibung des Begriffes der von der CIA entwickelte „Intelligence Cycle" verwendet. Mit Blick auf Competitive Intelligence stellt er sich folgendermaßen dar:

In der Planungsphase erfolgt die Festlegung und Eingrenzung des Informationsbedarfs sowie die Benennung der maßgeblichen Ziele.[14] Anschließend werden die geplante Vorgehensweise skizziert, Meilensteine definiert und beteiligte Personen festgelegt. Im nächsten Schritt, der Beschaffungsphase, erfolgt die Sammlung der Informationen aus unterschiedlichen Quellen. Primärquellen sind u. a. Kunden, Interessenten, Lieferanten, Berater und Mitbewerber. Sekundärquellen umfassen die Beschaffung der Informationen aus Medien, Fachzeitschriften, Datenbanken (z. B. Internet, Bibliotheken, Archiv) dem gesellschaftlichen Umfeld sowie Banken und Versicherungen. Durch gezielte Abfragen können somit bereits verfügbare bzw. bekannte Informationen gewonnen werden, die Bestandteil der unternehmensinternen Datenbanken oder des von den Mitarbeitern gehaltenen Humankapitals sind.

Informationslieferanten für Intelligence werden in drei große Kategorien unterteilt: In Open Source Intelligence (OSINT), Human Intelligence (HUMINT) und Technical Intelligence (TECHINT).

Bei Open Source Intelligence wird auf Basis von frei verfügbaren Daten eine Informationsgrundlage geschaffen, welche im weiteren Verlauf durch anders gewonnene Informationen und Daten ergänzt wird. Das können beispielsweise gezielte Fragestellungen im Bereich Human Intelligence sein.[15] Human Intelligence beschreibt die Informationsgewinnung durch die Nutzung von bestehenden oder aufgebauten Vertrauensverhältnissen und ist eng mit psychischen Faktoren bzw. mit dem Faktor Mensch im Unternehmen verbunden. Human Intelligence stellt – obgleich in der aktuellen Debatte der bestehenden Bedrohungen für ein Unternehmen anders dargestellt[16] – die bedeutendste, zumeist genutzte und erfolgreiche Methode zur Informationsgewinnung dar. SOMINT (Social Media

---

13 Schaaf (2009), S. 124.
14 Vgl. ÖNORM S 2430:2011, S. 10f.
15 Vgl. Lux/Peske (2002), S. 83ff.
16 siehe hierzu: Kapitel 1.

Intelligence) stellt in diesem Zusammenhang eine neue Methode der Generierung von Wissen über Personen durch die Nutzung von Sozialen Netzwerken dar.

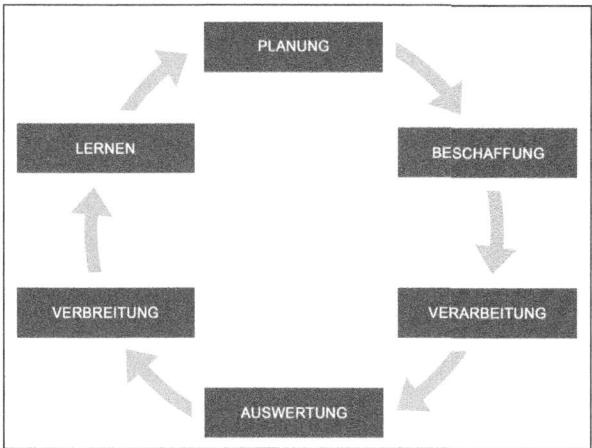

Abb. 9 Der Intelligence Cycle
© Eigene Darstellung

Technical Intelligence meint die Beschaffung von Informationen mittels technischer Hilfsmittel, worunter auch Hacking subsummiert werden kann. Dieses Verfahren ist abgesehen von seiner strafrechtlichen Relevanz und Kostenintensivität nur bestimmten Akteuren vorbehalten, da die derart generierten Informationen im Regelfall einer intensiven Aufbereitung bedürfen.

Die Vorgangsweise im Bereich Competitive Intelligence auf einen Blick:

- In der Phase der *Verarbeitung* werden die zuvor gesammelten Informationen zunächst in eine auswertbare Form übersetzt, geordnet, hinsichtlich ihrer Richtigkeit und Glaubwürdigkeit überprüft und für die weitere Verwendung archiviert.
- Diese strukturiert vorliegenden Rohinformationen werden in der Phase der *Auswertung* analysiert und bewertet sowie mit bereits vorhandenem Wissen verglichen, kombiniert und verarbeitet. Das ermöglicht ein konsolidiertes Bild und ist die Grundlage dafür, um Hypothesen entsprechend der anfangs festgelegten Zielsetzungen formulieren zu können.[17] Dadurch wiederum wird die

---

17   Vgl. Lux/Peske (2002), S. 27f.

Darstellung von Zukunftsszenarien ermöglicht, die das Unternehmen in die Lage versetzt, Vorhersagen über mögliche Entwicklungen und Vorgehensweisen zu tätigen. Entscheidend ist, dass die Interpretation der Analyse im Hinblick auf die Ausgangssituation und die anstehenden Entscheidungen getroffen wird, und dass eine möglichst lückenlose Dokumentation der angewandten Analysemethoden sowie der Analyseergebnisse erfolgt.

- Im Anschluss werden die zuvor erhobenen und gewonnenen Ergebnisse in der *Verbreitungsphase* präsentiert. Durch entsprechendes Feedback wird in der Lernphase die Grundlage für die Neubewertung einer bestehenden Analyse und vorgenommenen Informationsbeschaffung geschaffen. So werden Möglichkeiten der Prozessverbesserung identifiziert – und durch die inhaltliche Reflexion schlussendlich wieder der Ausgangspunkt des Intelligence Cycles erreicht.[18]

Ziel der Competitve Intelligence ist jedenfalls eine umfassende Marktanalyse durch die Erhebung der unterschiedlichsten Daten und deren Analyse und Verknüpfung mit grundsätzlich nicht unmittelbar relevanten Daten. Dieses Verfahren profitiert zudem davon, dass durch den Trend zur Zertifizierung von Unternehmen vermehrt Unternehmensdaten einer breiten Öffentlichkeit – und somit auch der Konkurrenz – zugänglich gemacht werden. Wesentlicher Erfolgsfaktor der Competitive Intelligence ist jedoch die Kompetenz, mittels der erhobenen Daten zielgerichtete Analysen durchführen zu können und daraus neue bzw. optimierte Wettbewerbsstrategien zu erarbeiten. All diese Aktivitäten bzw. gesetzten Schritte sind vollkommen legal.

Es kann jedoch vorkommen, dass die Competitive Intelligence betreibenden Akteure die Grenzen der legalen Informationsbeschaffung überschreiten. Damit greifen – abhängig von der tatsächlich angewandten illegalen Methode der Informationsbeschaffung bzw. deren konkreter Ausgestaltung – entsprechende zivilrechtliche bzw. strafrechtliche Normen. Die Beeinflussung von (Vertriebs-)Mitarbeitern während geschäftlicher Termine im In- und Ausland beispielsweise durch Luxus-Konsum, und die damit mögliche Beeinflussung des Mitarbeiters sowie „Erschleichung" vertraulicher Informationen (social engineering/social hacking) sind hingegen Verfahren, wie sie bei Wirtschafts- und Industriespionage angewandt werden. Damit ist die nächste und entscheidende Stufe der „Spionagepyramide" erreicht.

---

18   Vgl. ÖNORM S 2430:2011, S. 14 f.

2.3 Industriespionage: Spionage bei der Konkurrenz

Die Industriespionage wird in Deutschland auch als Konkurrenzausspähung, Betriebsspionage oder Werksspionage bezeichnet. Dabei wird ein Unternehmen durch einen inländischen Konkurrenten bzw. eine Einzelperson ausgespäht. Bei der Konkurrenzausspähung ist es in Deutschland Sache des Unternehmens, geeignete Maßnahmen der Unternehmenssicherheit zu ergreifen und gegen das unrechtmäßige Vorgehen der Person bzw. des Konkurrenzunternehmens vorzugehen. (Straf-) Rechtlich relevant ist hier die Norm § 17 dt. UWG (Gesetz gegen den unlauteren Wettbewerb) – Verrat von Geschäfts- und Betriebsgeheimnissen. Es handelt sich hierbei um ein Antragsdelikt.

Unternehmen und mitunter Einzelpersonen, die Industriespionage betreiben, verfolgen das Ziel, die eigene Wettbewerbsfähigkeit bzw. ihre Marktmacht zu erhalten und zu steigern: Sie versuchen Informationen und Kenntnisse zu erlangen, die sie in die Lage versetzen, sich am Markt deutlich vor den anderen Unternehmen zu positionieren, beispielsweise durch gestohlene Innovationen oder die Ausspähung von Preiskalkulationen insbesondere im Zusammenhang mit (Projekt)Ausschreibungen und Kooperationsbestrebungen mit anderen Unternehmen. In letzterem Fall bezieht sich der wirtschaftliche Schaden nicht auf den Verlust der Innovation (z. B. durch Diebstahl) sondern auf den Verlust des gesamten potentiellen Auftragsvolumens.

Bei der Industriespionage zeigt sich in der Praxis, dass die relevanten Aktionen eher punktuell und kurzfristig ausgerichtet sind. Mit ein Grund dafür: Produktlebenszyklen sind heute sehr kurz. Das Zusammenspiel zwischen Entwicklungsprozessen und Wettbewerbsposition ist sehr dynamisch, weshalb Akteure der Industriespionage entsprechend rasch und flexibel handeln müssen.

In Österreich wird unter Industriespionage jene Konkurrenzforschung verstanden, bei der die Grenze der legal erlaubten Methoden überschritten wird. Ziel ist der Erwerb von Informationen, die geeignet sind, die eigene Marktposition zu stärken bzw. die Wettbewerbsvorteile anderer Unternehmen zu schmälern oder zu beseitigen. Dies erfüllt den Tatbestand des Treuebruchs eines Beschäftigten in Bezug auf den Verrat von Geschäfts- und Betriebsgeheimnissen. Nach herrschender Lehre und Rechtsprechung setzt § 11 UWG ein „Handeln zum Zwecke des Wettbewerbs" voraus. Damit ist das Verhalten eines Täters gemeint, der mit der Intention handelt, nicht eigenen, sondern fremden Wettbewerb zu fördern.[19]

---

19 Vgl. OGH 28.08.2012 12 Os 38/12y.

2.4   Wirtschaftsspionage: Staatlicher Hintergrund

Das deutsche Bundesamt für Verfassungsschutz (BfV) definiert Wirtschaftsspionage als „Teil der Spionage, der die staatlich gelenkte oder gestützte, von fremden Nachrichtendiensten ausgehende Ausforschung von Wirtschaftsunternehmen und Forschungseinrichtungen beinhaltet."[20]

Das Bundesamt für Verfassungsschutz und Terrorismusbekämpfung (.BVT) in Österreich versteht unter Spionage allgemein die Auskundschaftung von Geheimnissen durch nachrichtendienstlich gesteuerte Personen oder Gruppen sowie die Auskundschaftung von Geschäfts- und Betriebsgeheimnissen zu Gunsten des Auslandes. Die Verantwortung des .BVT zur Strafverfolgung liegt vornehmlich bei § 124 StGB – Auskundschaftung eines Geschäfts- und Betriebsgeheimnisses zugunsten des Auslands[21]. Dabei handelt es sich um eine Spezialbestimmung gegen den wirtschaftlichen Landesverrat[22] und somit um ein Offizialdelikt. Die Behörden sind deshalb bei Bekanntwerden eines Vorfalls zur Strafverfolgung verpflichtet. Konkret bedeutet dies, dass das .BVT nach der aktuellen Rechtslage einen bekannt gewordenen Vorfall jedenfalls der zuständigen Staatsanwaltschaft anzeigen muss. Dieser Umstand ist der Zusammenarbeit zwischen Behörden und Wirtschaft zur Optimierung des Wirtschaftsschutzes leider nicht dienlich. Unternehmen befürchten, dass hierdurch das Medieninteresse geweckt wird und ein Reputationsschaden einhergeht.

Der Fokus der Wirtschaftsspionage liegt auf der Steigerung und Verbesserung der Wirtschaftskraft bzw. des wirtschaftlichen Potentials der eigenen Volkswirtschaft. Hier unterscheiden sich oftmals die angewandten Methoden bezüglich der Vorgehensweise bei der direkten Spionagetätigkeit sowie bei der Handhabung der durch Spionage erlangten Informationen: Während aufstrebende Volkswirtschaften („Emerging Markets") die durch Spionage generierten Informationen – ähnlich der reinen Werksspionage – zur unmittelbaren Verwertung in Unternehmen und der dadurch ermöglichten Stärkung der Wettbewerbsfähigkeit verwenden, setzen hoch entwickelte Industrieländer andere Methoden aufgrund der generierten Informationen ein. Sie profitieren oftmals mehr von verhinderten Geschäftsvorgängen anderer Unternehmen. Der Schwerpunkt liegt deshalb auf der Förderung der eigenen Wirtschaft bei der Vertragsvergabe. So werden z. B. Informationen

---

20 Bundesamt für Verfassungsschutz (2009), S. 28.

21 Anmerkung: Entsprechend der hL ist hier „Ausland" als „EU-Ausland" zu lesen. siehe hierzu OGH 19.08.2009, 15 Os 67/09f.

22 EBRV StRÄG 1965,9,L/St § 124 Rz1.

gezielt gestreut, die andere (ausländische) Unternehmen diskreditieren. Das soll den potentiellen Vertragspartner zu Gunsten eigener Unternehmen beeinflussen.

Wirtschafts- und Industriespionage unterscheiden sich somit hinsichtlich der Täter, aber nicht anhand der Unternehmen, die als Opfer ausgewählt werden.[23] Bei der Wirtschaftsspionage sind es staatliche oder staatlich gelenkte wirtschaftliche Unternehmen, welche als Akteure agieren. Bei der Industriespionage sind es (privat) wirtschaftliche Akteure, die mit dem Opfer in unmittelbarem oder mittelbarem Wettbewerb stehen. Obgleich unterschiedliche Strukturen von Volkswirtschaften und Unternehmen von Wirtschafts- oder Industriespionage profitieren, so sind die tatsächlich ausführenden Akteure immer Menschen.

UNTERSCHEIDUNGSMERKMAL	WIRTSCHAFTSSPIONAGE	INDUSTRIESPIONAGE
Herkunft des Angreifers	Staatlich gelenkte Nachrichtendienste	Konkurrenzunternehmen
Ziel des Angriffs	Angriff erfolgt aufgrund national-ökonomischer Interessen gegen Wirtschafts- und Wissenschaftsunternehmen oder Industriebereiche anderer Länder und ist meist auf über einzelne Unternehmen hinausgehende Interessensgebiete gerichtet	Betriebs- und Geschäftsgeheimnisse zur Stärkung der Konkurrenzfähigkeit
Zeitliche Ausrichtung des Angriffs	Ist oft auf langfristige Perspektiven (bis zu 20 Jahren) angelegt und darauf ausgerichtet, wirtschaftliche oder wissenschaftliche Defizite auf breiter Basis auszugleichen	Konzentriert sich meist auf zeitlich absehbare wirtschaftliche Vorteile
Modus Operandi	Langfristig angelegte, professionelle Durchführung; Einsatz von nachrichtendienstlichen Mitteln; verdecktes Nutzen von Mitarbeitern	Zeitlich absehbar, Einsatz von z.B. Privatdetektiven, Wissenshändlern, OK usw.; Abwerben von Mitarbeitern
Folgen/Geschädigte	Mittelbarer volkswirtschaftlicher Schaden, Schadenshöhe nur schwer abschätzbar	Unmittelbarer wirtschaftlicher Schaden für Einzelunternehmen
Aufwand des Einsatzes	Der betriebene Aufwand kann weit höher sein als dies rational erklärbar ist	Der betriebene Aufwand steht meist in einem materiellen Verhältnis zu dem angestrebten Ziel

Abb. 10 Unterscheidung Wirtschafts- und Industriespionage

© Eigene Darstellung: In Anlehnung an WKÖ/FHCW/BVT (2011), S. 16

---

23 Siehe hierzu: Abbildung 9.

Klar ist, dass es aus Sicht des einzelnen Unternehmers nur von zweitrangiger Bedeutung ist, ob es sich um eine staatlich oder durch ein Konkurrenzunternehmen gelenkte Aktion handelt. Der Schaden bleibt der gleiche. Wichtig sind die Unterscheidung nach zivilrechtlichen und strafrechtlichen Normen sowie die Frage der Beweislast. Bei der Beweislast[24] müssen die damit allfällig verbundenen Kosten berücksichtigt werden, die auch zur Existenzbedrohung für das Unternehmen führen können. Von Interesse für Unternehmen sind daher in erster Linie der entstandene Schaden – und die bestehenden bzw. nicht bestehenden rechtlichen Möglichkeiten zu Schadenminimierung und -wiedergutmachung.

Zahlreiche Beispiele verdeutlichen, dass eine repressive Vorgehensweise oftmals zu spät ist, zu kurz greift und den Schaden sogar vergrößern kann. Aktiver Wirtschaftsschutz im Bereich Wirtschafts- und Industriespionage bzw. zum Schutz des unternehmensinternen Know-hows darf sich daher nicht auf die Frage reduzieren, inwiefern strafbare Handlungen gesetzt werden können bzw. gesetzt wurden. Entscheidend ist es, adäquaten Schutz für relevantes Wissen im Unternehmen zu entwickeln. Erfolgreicher Schutz vor Wirtschafts- und Industriespionage beginnt beim Denken und Handeln des Managements.

Literatur

Bundesamt für Verfassungsschutz (2009) – Glossar der Verfassungsschutzbehörden (12/2009), Deutschland.

Fantapié Altobelli, Claudia (2011): Marktforschung. Methoden – Anwendungen – Praxisbeispiele.; Auflage: 2. überarb. u. erw. Aufl, UTB, Stuttgart.

Koch, Jörg (2012): Marktforschung; Grundlagen und praktische Anwendungen, 6. Auflage, Oldenbourg Verlag, München.

Lux, Christian; Peske, Thorsten (2002): Competitive Intelligence und Wirtschaftsspionage. Analyse, Praxis, Strategie. Gabler Verlag. Berlin.

Michaeli, Rainer (2006). Competitive Intelligence: Strategische Wettbewerbsvorteile erzielen durch systematische Konkurrenz-, Markt- und Technologieanalysen. Berlin: Springer Verlag.

Schaaf, Christian (2009): Industriespionage: Der große Angriff auf den Mittelstand. Boorberg. München.

Wassermann Dr., Martin (1931): Werkspionage und Vorschläge zu ihrer Bekämpfung. Verlag Dr. Walther Rothschild, Berlin-Grunewald.

WKÖ/FHCW/.BVT (2011): Wirtschafts- und Industriespionage Handbuch Know-How-Schutz für die österreichische Wirtschaft. WKÖ. Wien.

---

24 Anmerkung: z. B. bei einem Privatanklagedelikt (§ 122 StGB).

Rechtstexte und Normen

EBRV StRÄG 1965,9,L/St § 124 Rz1
OGH 28.08.2012 12 Os 38/12y
ÖNORM S 2430:2011

Das Management-Problem 3

Täglich werden wettbewerbsrelevante Informationen von Unternehmen gestohlen oder missbräuchlich verwendet. Die unterschiedlichen Folgen die allgemein zu einer Verminderung der Wettbewerbsfähigkeit führen können für das betroffene Unternehmen dramatisch sein. Entgangene Aufträge, verlorene Kunden und die Einbuße von Produkt- oder Entwicklungsvorteilen gefährden möglicherweise die Existenz eines Unternehmens. Umso mehr überrascht es, wie einfach es mitunter Akteuren der Wirtschafts- oder Industriespionage gemach wird Wirtschaftsgeheimnisse auszuspionieren. Die nachfolgenden auf realen Vorfällen beruhenden anonymisierten Beispiele verdeutlichen dies.[25]

3.1 Falscher Geschäftspartner

Das international im Bereich der Entwicklung von Informations- und Kommunikationstechnologie tätige Unternehmen K. suchte im Rahmen einer Projektausschreibung nach geeigneten Partnern. Es lud dafür verschiedene Unternehmen bzw. deren Vertreter in eine Niederlassung ein. Bei einem solchen Besuch stellte sich Herr H. als Mitarbeiter des eingeladenen Unternehmens G. vor. Was er allerdings nicht war, sondern Herr H. war ein Angestellter des Konkurrenzunternehmens M. Herr H. „besuchte" das Unternehmen K. mit einem klaren Ziel: Er wollte bei diesem Besprechungstermin in den Besitz von unternehmensinternen Daten des Unternehmens K. gelangen.

Und tatsächlich: Das Unternehmen K. stellte ihm Unterlagen mit entsprechenden Daten für die weitere, gemeinsam geplante Geschäftsanbahnung zur Verfügung.

---

25 Anmerkung: Hier wurden bewusst bereits aus den Medien bekannte Beispiele gewählt.

Die Hoffnungen auf eine erfolgreiche Partnerschaft waren groß. Sie wurden allerdings schwer enttäuscht. Der Besuch von Herrn H. hatte für das Unternehmen K. äußerst unangenehme Folgen. Es hatte keinen neuen Geschäftspartner, sondern einen massiven wirtschaftlichen Nachteil: Denn das Unternehmen M. erhielt dank der ausspionierten Informationen den Zuschlag für das ausgeschriebene Gesamtprojekt – ganz alleine.

Der Weg zu diesen Informationen war somit recht einfach: Das Unternehmen K. war bei der Identifizierung von Geschäfts- und Gesprächspartnern zu unvorsichtig gewesen. Es hatte einer Person Zugang zum Unternehmen und zu Daten eingeräumt, die niemals dazu Zugang haben hätte dürfen. Diese Form des Informationsabflusses ist kein Einzelfall: Obgleich einem Gesprächstermin mit potentiellen Vertragspartnern zumeist eine entsprechende E-Mail-Korrespondenz oder Telefonate vorausgehen, so ist es heute trotz der zur Verfügung stehenden technischen Möglichkeiten selbst im internationalen Geschäft noch nicht Standard, vor derart sensiblen Gesprächen zum Beispiel unverbindliche Videokonferenzen und dergleichen zu nützen.

3.2   Oberflächlicher Identitätscheck

Es muss aber gar nicht erst eine geschäftliche Partnerschaft in Aussicht stehen, damit Unternehmen ihre Tore weit für Industriespionage öffnen: Das als klassischer Hidden Champion in Deutschland und Österreich etablierte Unternehmen P. veranstaltet regelmäßige Werksführungen. Dabei haben zuvor angemeldete Interessenten die Möglichkeit, von einem geschulten Mitarbeiter durch beinahe alle Bereiche des Unternehmens geführt zu werden. Lediglich sehr sensible Abteilungen bzw. Fertigungsschritte werden ausgespart: Hier gibt es weder eine Besichtigung, noch eine Erklärung.

An einer dieser Werksführungen nahm eine Delegation eines Unternehmens mit dem das Unternehmen P. eine bestehende Kooperation hatte teil. Herr C., der Manager dieses ausländischen Unternehmens war ebenfalls Delegationsteilnehmer.

Während der Werksführung filmte und fotografierte Herr C. mit einer frei erwerblichen Minikamera welche er am Hosengürtel befestigt hatte Produkte, Produktionsmethoden sowie verwendete Rohmaterialien, deren Produzenten ihn besonders interessierten. Er schnitt damit auch Gespräche von Mitarbeitern mit. Nur deshalb, weil C. immer wieder – ein wenig ungeschickt – seine Kamera zurechtrückte und die Kamera bzw. sich in „Schnappschuss"-Position brachte, wurde der Betriebsleiter auf den ungebetenen Gast aufmerksam. Er sprach Herrn C. auf den Gegenstand an seinem Gürtel an. Dieser stritt zunächst ab, dass es sich dabei um eine Kamera handelt. Außerdem versuchte er, die Kamera in seiner Hosentasche verschwinden zu lassen. Das Unternehmen handelte diesmal richtig: Es verständigte sofort die Polizei. Herr C. kam für drei Monate in U-Haft. Nach Bezahlung einer Kaution von 80.000,– Euro wurde der Spion entlassen. Das Unternehmen P. hatte großes Glück gehabt. Die Verurteilung des „Kameramanns" wurde insofern erleichtert, als Herr C. vor Beginn der Werksführung eine Erklärung unterzeichnen musste, in welcher er zustimmte während der Werksbesichtigung keine Foto-, Film- und Tonaufnahmen anzufertigen.

Dieses Beispiel zeigt die Wichtigkeit von entsprechenden Sicherheitsmaßnahmen im Zusammenhang mit dem Umgang unternehmensexterner Personen auf dem Firmengelände auf. Nicht nur war es in diesem Fall möglich Produkte, Produktionsmethoden sowie verwendete Rohmaterialien (deren Produzenten) auszuspähen, sondern vor allem konnten Mitarbeiter einzelnen Unternehmensbereichen zugeordnet werden. Durch diese Zuordnung ist es möglich bei „zufälligen Treffen" einen Mitarbeiter gezielt anzusprechen und durch (diese) Methoden des Social Engineering Kenntnis von Geschäfts- und Betriebsgeheimnissen zu erlangen.

3.3 Spionage aus Frust

Von dieser war die Supermarktkette W. betroffen. Einer ihrer Angestellten, Herr S., war im Bereich Marketing tätig und vor allem für die Stammkundenpflege zuständig. Doch er pflegte auch andere „Kunden". Im Zuge von Ermittlungen konnte S. als Absender von E-Mails ausgeforscht werden, in denen er der Supermarktkette G. umfangreiche Kunden- und Lieferantendaten für insgesamt 200.000,- Euro angeboten hatte. Der Täter gab an, dass er seinen Arbeitgeber, die Supermarktkette W., aufgrund von Frust am Arbeitsplatz und privaten Schulden schädigen wollte.

Die Weitergabe von Kundendaten ist nach der herrschenden Rechtsmeinung übrigens nur unter bestimmten Voraussetzungen als Verletzung von Geschäfts- und Betriebsgeheimnis einzustufen. Sie ist somit nicht zwangsläufig nach UWG bzw. StGB strafbar. Die Schädigung für das Unternehmen war in diesem Fall jedoch gegeben, da aufgrund der Kenntnis von Kundenvorlieben im Einkaufsverhalten gezielte Marketingaktivitäten eine Kunden(ab)wanderung zugunsten der Supermarktkette G. bewirken können. Außerdem können mithilfe der Lieferantendaten bessere Einkaufskonditionen generiert werden.

3.4   „Beratung" nach Entlassung

Es müssen allerdings nicht immer aktive Mitarbeiter sein, die für illegalen Informationsabfluss verantwortlich sind. Das österreichische Hightech Unternehmen X. bezog für die Herstellung seiner Produkte bzw. für deren notwendige Spezialbeschichtung eine spezielle Substanz des ausländischen Unternehmens R. Dieses Unternehmen – welches u. a. in der Waffenproduktion tätig war – versuchte zunächst, eine engere Geschäftsbeziehung mit dem österreichischen Unternehmen einzugehen. Das Ziel war klar: Zugang zu den Forschungsergebnissen bzw. Produktionsmethoden des Unternehmens X. zu bekommen – um selbst ins Geschäft einsteigen zu können. Da eine engere Kooperation seitens des österreichischen Unternehmens aus guten Gründen abgelehnt wurde, erhöhte das Unternehmen zunächst die Preise für das Spezialpulver. Dabei blieb es aber nicht.

Durch Zufall wurde der Unternehmensleitung rund ein Jahr nach den für das ausländische Unternehmen gescheiterten Kooperationsgesprächen bekannt, dass Herr O., Leiter der Forschungsabteilung des österreichischen Unternehmens X., beim Konkurrenten R. ein und aus ging. Daraufhin wurde das Arbeitsverhältnis mit Herrn O. beendet. Es blieb allerdings der Verdacht aufrecht, dass weiterhin Informationen abfließen würden. Die Ermittlungen wurden fortgeführt. Die Ermittler kamen zu einem erschreckenden Ergebnis: Der entlassene Leiter der Forschungsabteilung hielt weiterhin intensiven Kontakt zu aktiven Mitarbeitern des Unternehmens – und hatte damit weiterhin Zugang zu sensiblem Know-how des Unternehmens. Er hatte zwischenzeitlich eine Stiftungsprofessur an einer Universität inne. Finanziert wurde diese durch ein in Liechtenstein eingetragenes Konsortium an dem das ausländische Unternehmen beteiligt war und gleichzeitig als Auftraggeber des Universitätsinstituts auftrat.

Das Unternehmen X. hatte es verabsäumt, auch die Phase nach der Freisetzung (Entlassung) von Herrn O. in seine sicherheitspolitischen Überlegungen miteinzubeziehen. Die möglichen Verflechtungen zwischen der Wirtschaft und ausländischen Nachrichtendiensten wurden im Unternehmen X. hingegen relativ schnell erkannt und entsprechend gehandelt.

3.5   Prekäre Beschäftigung

Nicht nur langjährige, sondern kurzfristige Beschäftigungsverhältnisse können ebenfalls in Spionagefälle münden. Die vielzitierte „Generation Praktikum" hat nicht immer ein dauerhaftes Arbeitsverhältnis zum Ziel, sondern mitunter das rasche Auskundschaften von Wirtschaftsgeheimnissen. Diese Erfahrung musste ein in Deutschland ansässiger Hersteller von Drohnen machen. Ein pakistanischer IT-Student steht unter Verdacht, in der Forschungsabteilung des Unternehmens C. Daten über Steuerung und Navigation von Drohnen ausgespäht zu haben. Die entsprechenden Daten soll er an den pakistanischen Geheimdienst übergeben haben. Mit dem Know-how lassen sich Drohnen nicht nur konstruieren, sondern die Angriffsmöglichkeiten auf die Drohnen – ihre Schwachstellen und Programmierungen – sind somit ebenfalls bekannt, und sie können somit zerstört werden.

Einem leitenden Mitarbeiter ist es zu verdanken, dass der Fall aufgedeckt wurde. Ihm war – allerdings nur aufgrund geheimdienstlicher Vorkenntnisse – das Verhalten des Praktikanten verdächtig vorgekommen. Er informierte deshalb den deutschen Staatsschutz, wodurch der drohende erhebliche Schaden für das Unternehmen abgewendet werden konnte.

3.6 Führung gefragt

Die hier kurz skizzierten Fälle von Wirtschafts- und Industriespionage sind exemplarisch – und nur die Spitze eines Eisbergs. Aber sie haben trotz aller Unterschiedlichkeiten hinsichtlich der betrieblichen Situation, der handelnden Personen und der angewandten Methoden der Spionage einen gemeinsamen Nenner: mangelndes Management für Schutz und Sicherheit des Unternehmens.

Grund hierfür ist meist ein eher reduziertes Verständnis von Sicherheits-Management: Geht es um Sicherheitsfragen, herrscht in den meisten Unternehmen die Auffassung vor, dies sei eine Frage der Gebäudesicherheit und der technischen bzw. der IT-Sicherheit.

Sicherheit für Unternehmen ist aber im Zeitalter einer ansteigenden professionellen Wirtschafts- und Industriespionage nicht nur eine technische Herausforderung, sondern eine echte Management-Herausforderung. Die Unternehmensführung muss in ihrem Handeln, in den einzelnen Unternehmensfunktionen und vor allem mit Blick auf die Mitarbeiter stets den Schutz und die Sicherheit von betrieblich relevantem Wissen berücksichtigen. In allen Managementfragen, von der Planung über die Organisation und die Führung bis hin zur Erfolgskontrolle, müssen Schutz und Sicherheit sensibler Daten und Wissensbestände eines Unternehmens mitgedacht werden. Das erfordert nicht unbedingt einen erheblichen Mehraufwand in der Führung oder in den finanziellen Ressourcen eines Unternehmens, sondern vor allem ein Umdenken in vielen Bereichen. Dann ist es vergleichsweise einfach, an den richtigen (bereits bestehenden) Rädchen für mehr Sicherheit zu drehen.

3.7   Sensibilisierung für Sicherheit

Der erste und wichtigste Schritt für besseren Schutz gegen Wirtschafts- und Industriespionage ist die Sensibilisierung dafür. Das interne Wissen von Unternehmen ist nicht nur ein, sondern der entscheidende Wettbewerbsfaktor. Fließt das interne Wissen ab – unabsichtlich oder intendiert – ist die Wettbewerbsfähigkeit des Unternehmens in Gefahr.

Deshalb muss das Management in allen Bereichen Sorge dafür tragen, dass mit dem Wissen des Unternehmens adäquat und sensibel umgegangen wird. Die eingangs angeführten Beispiele zeigen deutlich wie rasch Sicherheitslücken in Unternehmen entstehen.

So sind viele Unternehmen in der Hoffnung auf lukrative geschäftliche Partnerschaften mit ihrem betrieblichen Know-how oftmals zu freizügig. Bedenkenlos wird dem vermeintlichen Wunsch-Partner an Informationen gegeben, was für den erhofften gemeinsamen Auftrag erforderlich scheint, obgleich vertraglich noch nichts geregelt ist. So wird externen Personen Zutritt zum Unternehmen und zu Mitarbeitern gewährt, deren Identität und Unternehmenszugehörigkeit im Vorfeld des Termins nicht entsprechend überprüft wurden. Diese Recherche wäre allerdings weder sehr zeit- noch kostenintensiv. Ebenso wird nicht selten zu wenig darauf Acht gegeben, dass frustrierte bzw. unzufriedene Mitarbeiter die wichtigste Quelle für Wirtschafts- und Industriespionage werden können.

Vielfach herrscht in Unternehmen auch Unklarheit darüber, welches Wissen eigentlich eines gesonderten Schutzes bedarf. Schließlich gibt es in vielen Branchen keine „Geheimformeln" – wie jene für Coca Cola, Red Bull oder Underberg –, deren Schutz offensichtlich existenziell notwendig ist. Die These, dass in Unternehmen meist nicht mehr als fünf Prozent des Wissens wirklich schützenswert ist, lässt sich ohnehin nicht vorbehaltlos aufrechterhalten. Unternehmen sind Wissensorganisationen mit vielfältigen Wissensschätzen, die in ihrem Zusammenwirken erfolgsentscheidend sind – wenngleich dieser Umstand insbesondere intern oft gar nicht bewusst ist.

Spione interessieren sich nicht nur für geheime „Bauanleitungen" zur Herstellung von Produkten. Sie sind sehr an Prozessinformationen, an Lieferantenstrukturen, an Preisgestaltung und an vielen anderen Faktoren interessiert, die den Erfolg eines Unternehmens ausmachen.

Je sensibler eine Geschäftsführung für diese Themen und Zusammenhänge ist, desto besser lassen sich etwaige Sicherheitslücken durch professionelles Management schließen. Der Grundsatz jeder Geschäftsführung, dass ein Unternehmen erfolgreich produzieren und Umsätze erzielen muss, ist unbestritten. Noch nicht im Management-Allgemeinwissen verankert ist allerdings der umfassende Schutz betrieblich relevanter Daten generell und der Umgang mit Wirtschaftsgeheimnissen im Speziellen.

Der sensible Umgang mit Wissen ist auch vor dem Hintergrund der fortschreitenden Vernetzung unserer Wirtschaftslandschaft geboten: Die Vernetzung von kleinen Betrieben mit Partnern aus der gleichen Branche oder mit komplementären Unternehmen und Lieferanten eröffnet vielfältige Synergiemöglichkeiten und erhöht die wirtschaftlichen Handlungsspielräume. Angesichts der klein- und mittelständisch geprägten Wirtschaftsstruktur in Deutschland und Österreich muss auf die standortpolitische Bedeutung der immer dichteren Netzwerke und Kooperationen zwischen diesen Unternehmen und internationalen Konzernen nicht Wirtschafts- und Industriespionage weiter hingewiesen werden. Je enger und dichter aber wirtschaftliche Netzwerke werden, desto mehr stellt sich für das Management die Frage nach dem adäquaten Schutz und der Sicherheit unternehmensinterner Daten sowie des Organisationswissens allgemein.

3.8 Sicherheits-Management mit der „Spionagepyramide"

Eine gute Grundlage für die Sensibilisierung für Wirtschafts- und Industriespionage bietet die im vorangegangenen Kapitel beschriebene Spionagepyramide:

Unternehmen, die Marktforschung betreiben, handeln in der Regel reaktiv passiv. Sie sehen sich am Markt um, beobachten Entwicklungen und werden dabei u. a. durch Instrumente der empirischen Markt- und Sozialforschung unterstützt. Marktforschung durch Konkurrenzunternehmen tangiert in der Regel nicht Betriebsinterna. Trotzdem ist Sensibilität angebracht, denn von der Marktforschung hin zur Competitive Intelligence ist es bedingt durch die technischen Möglichkeiten sowie die Vernetzung von Informationsquellen nur ein kleiner Schritt.

Die systematische, andauernde sowie legale Sammlung und Auswertung von Informationen über Konkurrenzunternehmen, Wettbewerbsprodukte, Marktentwicklungen, Branchen, neue Patente, neue Technologien oder Kundenerwartungen bedeutet eine aktive, strukturierte Informationsgewinnung. Unternehmen wollen mittels der Methoden der Competitve Intelligence Daten in neue Zusammenhänge bringen. Dies mit dem Ziel Kenntnisse darüber zu erlangen, ob die Konkurrenz das gleiche Produkt entwickelt oder weiterentwickelt, wie sie Absatzmärkte findet und bearbeitet oder wer sich aller zum Konkurrenten entwickeln kann.

In diesem Kontext stellt sich für Unternehmen etwa die Frage, welche Daten und Informationen eigentlich öffentlich zugänglich sind. Ein Beispiel dafür ist das Thema Open Source Intelligence (OSINT). Hier wird auf Basis von frei verfügbaren Daten eine Informationsgrundlage geschaffen, welche im weiteren Verlauf durch anders gewonnene Informationen und Daten ergänzt wird. Nach Expertenschätzungen sind 90 Prozent der benötigen Informationen ohnehin frei verfügbar. Der intelligente Angreifer weiß, wie er die Daten in neue Zusammenhänge bringen kann. Zusätzlich sind über Soziale Netzwerke Informationen über die Mitarbeiter von Unternehmen verfügbar welche im Rahmen von SOMINT genützt werden können, um mittels Social Engineering Zugang zu Wirtschaftsgeheimnissen zu erhalten.

Hier kann es für Unternehmen überaus kritisch werden. Es ist daher eine wichtige Management-Aufgabe, klare Handlungsgrundsätze im Umgang mit der Veröffentlichung von Daten festzulegen. Dies gilt in gleichem Maße für die unmittelbaren Unternehmensdaten sowie für mögliche mittelbare Anknüpfungspunkte wie beispielsweise die Informationen der Mitarbeiter.

Insbesondere das Bedürfnis der Schaffung von Sicherheit und Verantwortung führt in der heutigen Wirtschaftswelt zu einem boomenden Markt für Zertifizierungen auf dem viele Unternehmen aus Wettbewerbsgründen entsprechende Gütesiegel, etc. für ihre Produkte bzw. Verfahrensweisen erwerben. Obgleich die Orientierung an Standards im Sinne der Produktqualität und der wettbewerbsstrategischen Ausrichtung eines Unternehmens jedenfalls zu begrüßen ist, so muss jedoch immer mitbedacht werden, dass damit oftmals Veröffentlichungen von entsprechenden Unternehmens-Informationen verbunden sind. Vor dem Hintergrund der Bedrohung durch Wirtschafts- und Industriespionage kann durch solch eine Veröffentlichung aus einem Wettbewerbsvorteil rasch ein Wettbewerbsnachteil erwachsen.

Auf der Stufe „Industriespionage" der Spionagepyramide agieren aktive Täter, die, teils aggressive, illegale Informationsgewinnung betreiben. Sie haben sich, wie die eingangs angeführten Beispiele zeigen, Zugang zum Unternehmen oder zu Mitarbeitern verschafft, oder es handelt sich dabei selbst um aktive oder ehemalige Mitarbeiter des Unternehmens. Ziel der Täter ist es, kurzfristig Wissen zu generieren bzw. abfließen zu lassen; mit dem Ziel des unmittelbaren Wettbewerbsvorteils. Hier spielen technische Sicherheitsmaßnahmen eine wichtige Rolle, sind aber eben nur ein Teil bzw. Instrument der Lösung.

Wenn Spionageaktivitäten im Interesse einzelner Länder erfolgen, dann steht dahinter ein proaktiver Gedanke. Der Staat will für die „eigenen" Unternehmen Vorteile generieren. Daher betreibt er Wirtschaftsspionage. Diese kann dadurch erfolgen, dass er die eigene Wirtschaft durch das Auskundschaften von Geschäfts- und Betriebsgeheimnissen ausländischer Unternehmen stärkt. Diese Strategie ist vorwiegend in zentralistisch geführten Staaten zu beobachten. Die Stärkung der eigenen Unternehmen kann ebenfalls dadurch erfolgen, dass andere Unternehmen in ihrer Wettbewerbssituation geschwächt werden. Eine Haltung, die mit Blick auf hoch entwickelte monetaristische Wirtschaftsnationen mitunter eine Rolle spielt. Nicht nur einzelne Unternehmen, sondern ganze Branchen stehen dabei im Visier der Wirtschaftsspionage. Die Erfahrung bei Wirtschafts- und Industriespionage zeigt dabei eines: Die Methoden, um an Informationen über andere Unternehmen heranzukommen, sind weitgehend die gleichen. Unterschiedlich sind hingegen die Professionalität der Akteure und die Tiefe der Vorgangsweise.

Das Management muss Vorsorge treffen, dass der Handlungsspielraum von Tätern möglichst gering ist. Das fängt beim eigenen Verhalten an: Wie viele und welche Informationen werden im persönlichen Gespräch, im Bekanntenkreis oder gegenüber potentiellen Geschäftspartnern preisgegeben? Wie weit geht das Marketing in eigener Sache? Welche Regeln und Verfahren gelten gegenüber Besuchern des Betriebs? Wie geht das Management mit Mitarbeitern um, was lässt sich gegen ein schlechtes Betriebsklima tun? Wie wird im Unternehmen die Mitarbeitermotivation und Mitarbeiterloyalität gestärkt? Diese Fragen stellen sich generell im modernen Organisationsmanagement. Richtiges Management-Handeln, unter Beachtung der in den Bereichen Wirtschafts- und Industriespionage relevanten Aspekte, verbindet beides: Organisationsentwicklung und Schutz vor Spionageangriffen.

3.9   Führungsstil und Managementphilosophie

Eng verbunden mit der Erkenntnis, dass Schutz vor Wirtschafts- und Industriespionage eine Managementaufgabe ist, sind die Fragen nach Führungsstil und Managementphilosophie. Ohne auf einzelne Konzeptionen und Trends im Detail eingehen zu können, zeigt der Blick aus der Vogelperspektive, dass in den vergangenen 20 Jahren die strikt hierarchische Strukturierung von Unternehmen einer Tendenz zu flacheren Hierarchien gewichen ist. Wenngleich sich dies oftmals nicht in den Organigrammen, d.h. in der Aufbauorganisation widerspiegelt, so werden Unternehmen dennoch verstärkt als Netzwerke begriffen und beschrieben. In der Management-Ausbildung bzw. in der Diskussion darüber wurde lange Zeit verstärkt Augenmerk auf die „soft skills" von Managern gelegt. Diesen persönlichen Kompetenzen wird eine große Bedeutung beigemessen und sie werden verstärkt mit klassischen Methoden des Organisationsmanagements verknüpft, denn isoliert voneinander betrachtet können Organisationen nicht handlungs- und zukunftsorientiert geführt werden.

Die Konzeption von Unternehmen als flache, enthierarchisierte Wissensorganisationen, in denen sich Führung auf die Gestaltung von sozialen Beziehungen fokussiert, hat zweifellos erhebliche Auswirkungen für den Umgang mit unternehmensrelevanten Informationen. Offenkundig ist, dass vor allem Klein- und Mittelbetriebe aufgrund ihrer Größenordnung *per se* weniger stark hierarchisch strukturiert sind, insbesondere in der Ablauforganisation. Hier ist teils sogar ein partnerschaftliches Verhältnis zwischen Geschäftsführung, Mitarbeitern, Lieferanten und Partnern zu beobachten.

Außer Frage steht, dass Management- und Führungsstile erhebliche, jedenfalls ambivalente Auswirkungen auf die Sicherheit von Unternehmen haben. So können flache Hierarchien und eine Politik der offenen Türe der Geschäftsführung Informationsabflüsse an Dritte erleichtern. Sie können aber ebenso die Mitarbeitermotivation und damit die Loyalität der Beschäftigten erhöhen. Dies wiederum bietet besseren Schutz vor Informationsabflüssen.

So können hierarchisch strukturierte Unternehmen einerseits einen durch die interne Hierarchie klar und nachvollziehbar strukturierten und daher sicheren Umgang mit betrieblichem Wissen fördern. Sie können aber andererseits mangels Einbeziehung der Mitarbeiter Unverständnis und Frustration erzeugen, die Mitarbeiter – in Kombination mit anderen Faktoren – anfällig für Wirtschafts- und Industriespionage macht.

Es gilt daher, je nach Management- und Führungsstil, die damit verbundenen Risiken und Chancen für Schutz und Sicherheit eines Unternehmens zu identifizieren.

Eine besondere Dimension der Managementkonzeption, die in einem Unternehmen angewandt wird, stellt die Politik des Unternehmens im Umgang mit internen Informationen dar. Hier stehen zwei Prinzipien in einem Spannungsverhältnis zueinander:

Das aus der Geheimdienst-Arbeit stammende Need-to-know-Prinzip bedeutet: Kenntnis nur bei Bedarf. Nur, wer eine solche geheime Information für die Erfüllung einer konkreten Aufgabe braucht, hat dazu Zugang. Selbst, wenn er von seiner Funktion oder von seinem Rang im Betrieb her grundsätzlich zugangsberechtigt wäre.

Dem gegenüber steht das Need-to-share-Prinzip. Es steht für einen Paradigmenwechsel bei der Zugriffskontrolle in Zusammenhang mit internen Informationen. Das Need-to-share-Prinzip bedeutet, stets zu prüfen, ob eine Information zugänglich gemacht wird – und dies nicht aufgrund einer Klassifizierung zu beschränken. Dahinter steht die Annahme, dass der Empfängerkreis einer Information vom Autor vorab nicht abgeschätzt werden kann. Ein Zugriff muss deshalb von einer unbekannten, jedenfalls aber authentifizierbaren Menge möglich sein. Dies setzt Vertrauen in diese Personengruppe voraus.

Das Verständnis von Unternehmen als lernende Organisationen, sowie der Zeitgeist im Sinn einer „share economy" unterstützt das Need-to-share-Paradigma. Gerade deshalb ist es aber geboten, sich über die Bedingungen seiner Anwendung im Klaren zu werden, um die Sicherheit von Daten und den Schutz des Unternehmens gewährleisten zu können.

3.10 Rolle der Mitarbeiter

Wie an den angeführten Beispielen deutlich wurde, spielen die Mitarbeiter eines Unternehmens eine Schlüsselrolle dabei, ob Wirtschafts- oder Industriespionage zum Problem werden kann oder nicht. Zum Problem können sich nicht nur aktive Mitarbeiter entwickeln, die aus Frust und/oder Eigennutz und mehr oder weniger gezielt Wirtschaftsgeheimnisse des Unternehmens weitergeben. Ehemalige Mitarbeiter sind ebenfalls eine begehrte Informationsquelle für Konkurrenzunternehmen – vor allem dann, wenn sie noch intensive Kontakte zum Unternehmen bzw. zu dessen aktiven Mitarbeitern pflegen.

Gerade im Kontext der Trennung von Mitarbeitern ist routiniertes, auf Sicherheit bedachtes Management gefragt. Oft unterlässt es der ehemalige Arbeitgeber aber, jegliche Basismaßnahmen wie beispielsweise die Rückgabe aller technischen Geräte, Aufzeichnungen, die Löschung eines VPN-Zugangs, oder die Sperrung des persönlichen Intranet-Profils zu veranlassen sowie hierfür entsprechende Prozesse zu implementieren. Management-Fehler, die sich (rasch) rächen können, wie die Praxis immer wieder zeigt.

In diesem Bereich stehen die beiden Informationsmanagement-Paradigmata in einem Spannungsfeld. Der traditionelle – und weiterhin äußerst wichtige – Ansatz zielt darauf ab, interne Informationen *vor* Mitarbeitern zu schützen. Dies natürlich nur unter der Voraussetzung, dass die Mitarbeiter diese Aufgaben nicht zur Erfüllung ihrer Aufgaben benötigen. Das Paradigma „Informationen *vor* Mitarbeitern schützen" bedingt eine Vielzahl von technischen und vor allem auch managementbezogenen Maßnahmen. Die Planung und Organisation von Prozessen, die Klärung von Zuständigkeiten, Kontrolle und Evaluierung – für all diese Bereiche braucht es eindeutiges Management-Handeln, damit interne Informationen wirklich nur jenen zugänglich sind, die damit arbeiten müssen. Der Handlungsbedarf im Sinn dieses Paradigmas ist, wie die eingangs angeführten Beispiele gezeigt haben, in vielen Betrieben groß. Allerdings kann die Realisierung des „Informationen *vor* Mitarbeitern schützen"-Paradigmas bei exzessiver Anwendung betriebswirtschaftlichen Mehraufwand und interne Informationsblockaden erzeugen, die dem

Erfolg des Unternehmens langfristig abträglich sind. In bestimmten Situationen bzw. für bestimmte strategische Entscheidungen ist das Need-to-Know Prinzip jedoch eindeutig der bessere Weg.

Das zweites Paradigma für das Sicherheits-Management eines Unternehmens gewinnt an Bedeutung, steckt allerdings heute vielfach noch in den Kinderschuhen. Das Paradigma „Informationen *mit* Mitarbeitern schützen." Dieses Paradigma eröffnet zahlreiche Aufgaben und Handlungsspielräume für das Management. So sind die Mitarbeiter etwa für Sicherheit und Schutz vertraulicher Informationen zu sensibilisieren. Verhaltensregeln bei Kontakten mit Vertretern anderer Unternehmen, bei Geschäftsreisen, bei öffentlichen Auftritten und vieles mehr sind eine wichtige Hilfestellung, damit Informationen nicht „ausgeplaudert" bzw. „abgesaugt" werden können. Da Wirtschafts- und Industriespionage Unternehmen viel Geld und damit auch Arbeitsplätze kosten können, ist es im Interesse der Mitarbeiter, ihren Arbeitsplatz durch aktive Mitwirkung beim Schutz vor Wirtschafts- und Industriespionage zu sichern.

So geht es aber für das Management weiters darum, für eine Unternehmenskultur zu sorgen, in der die Arbeitszufriedenheit und damit die Loyalität der Mitarbeiter möglichst hoch ist. Das erhöht wiederum, wie betriebswirtschaftlich nachweisbar ist, nicht nur die Produktivität der Mitarbeiter deutlich, sondern zusätzlich die Sicherheit des Unternehmens markant. Schließlich sind es die unzufriedenen, übergangenen, frustrierten Mitarbeiter, die oft sehr leichtfertig Interna des Unternehmens weitergeben oder die dem Unternehmen durch die gezielte Weitergabe von Informationen bewusst schaden wollen.

Eine stärker auf Mitarbeitermotivation und -zufriedenheit ausgerichtete Management- und Human Resources-Strategie entspricht übrigens nicht nur den Produktivitäts- und Sicherheitsinteressen der Unternehmen. Angesichts des aus demografischen Gründen zunehmenden Fachkräftemangels und des verschärften „war for talents" tun Unternehmen gut daran, ihre Attraktivität als Arbeitgeber strategisch weiterzuentwickeln. Das Schlagwort vom strategischen „Employer Branding" wird vor allem in Großbetrieben vermehrt wahrgenommen. Klein- und mittelständische Unternehmen (KMU), die traditionell von loyalen Mitarbeitern leben, stehen allerdings ebenfalls vor der Herausforderung, ihre Arbeitgeberattraktivität zu steigern und zu sichern, um die wenigen Fachkräfte finden und binden zu können. Neben monetären Modellen etwa durch neue Formen der Mitarbeiterbeteiligung spielt eine Unternehmenskultur eine Schlüsselrolle, in der Wertschätzung, transparente Kommunikation und Arbeitsplatzsicherheit großgeschrieben werden. Emotionale Bindung an ein Unternehmen kann durch das Management aufgebaut, leider jedoch viel schneller durch dieses zerstört werden.

3.11   Maß am Mitarbeiter nehmen

Eine gute konzeptuelle Grundlage für Management, das Sicherheit gemeinsam mit Mitarbeitern umsetzen will, bildet die Bedürfnispyramide nach *Maslow*. Sie hebt die Bedeutung von Selbstwert, Kommunikation und (sozialer) Sicherheit hervor. Das sind zugleich die Kernwerte für ein Management, das nicht nur auf Produktivität, sondern ergänzend auf Sicherheit höchsten Wert legt, und sohin ein Unternehmen umfassend betrachtet.

- *Selbstwert:* Wenn das Selbstwertgefühl der Mitarbeiter angegriffen wird, wo Mobbing oder mangelnde Wertschätzung das Bild prägen, wächst der Frust über das gesamte Unternehmen und insbesondere über die Führung. Aus kulturspezifischem „Raunzen" und „Meckern" wird langfristig tiefsitzender Frust. Für die Produktivität des Unternehmens sowie für dessen Sicherheit stellt diese Unzufriedenheit der Mitarbeiter eine latente Bedrohung dar. Unzufriedene Mitarbeiter haben mehr Fehlzeiten, erbringen durchschnittlich weniger Leistung, und neigen dazu den Frust über ihre Arbeitssituation anderen Personen zu kommunizieren. Informationen die insbesondere Akteure der Wirtschafts- und Industriespionage sehr interessieren. Schlägt jedoch der Frust in Aggression um, dann kann mit Absicht – und z. B. gegen Geld – dafür gesorgt werden, dass Informationen abfließen. Im Management muss sich daher die Orientierung am Selbstwertgefühl der Mitarbeiter konsequent niederschlagen. Eine wertschätzende Kultur im Unternehmen ist hierfür unverzichtbar.
- *Kommunikation:* Mit Blick auf die Wirtschafts- und Industriespionage ist Kommunikation eine doppelte Herausforderung. So geht es darum, die Mitarbeiter mit dem Wissen zu versorgen, das sie für ihre Arbeit benötigen. Das ist wichtig, damit sich Mitarbeiter im Unternehmen eingebunden und nicht als bloßes „Werkzeug" fühlen. Aus Mitwissen entsteht Mitverantwortung für das Unternehmen. Eine verlässliche und kontinuierliche Informationskultur im Unternehmen erhöht die Mitarbeitermotivation und die Mitarbeiterloyalität. Gezielte Kommunikation von Informationen und Handlungswissen ist vor allem mit Blick auf das Thema Wirtschafts- und Industriespionage wichtig. So kann verhindert werden, dass sich der Mitarbeiter nach Dienstschluss (ohne berechtigtem Misstrauen) darüber freut, wenn sich in der Eckkneipe ein Ex-Kollege oder ein unbekannter Gast mit großem Interesse seine „Klagelieder" darüber anhört, was im Unternehmen wie (falsch) läuft. Die Mitarbeiter müssen ein Sensorium dafür entwickeln können, wo Spionage anfangen kann und an welcher Stelle daher die Kommunikation persönlicher Ansichten über das Unternehmen und Informationen über das Unternehmen generell zu enden hat.

- *Sicherheit:* Sicherheit ist ein wesentliches Grundbedürfnis von Menschen, das gerade in der Arbeitswelt eine wichtige Rolle spielt. Ein sicherer Arbeitsplatz, klare Verhältnisse im Unternehmen – das sind wichtige Werte für Mitarbeiter. Fehlt diese Sicherheit und besteht der Eindruck, es interessiere sich in der Führung ebenfalls niemand dafür, dann ist dies natürlich eine Quelle für Frustration. Deshalb sollte, trotz aller wirtschaftlichen Unwägbarkeiten, für die Mitarbeiter das Commitment der Geschäftsführung spürbar sein, dass ihre Sicherheitsbedürfnisse ernstgenommen werden. Ein Mitarbeiter, der sich im Unternehmen sicher fühlt, kann besser für die Sicherheit und den Schutz des Unternehmens sorgen.

3.12   Kernelemente für Unternehmenssicherheit

Vor diesem Hintergrund ist es unverzichtbar, das Sicherheitsmanagement des Unternehmens auf Basis eines umfassenden Ansatzes zu gestalten. Dabei sind die Zusammenhänge zwischen möglichen Gefährdungen und sinnvollen Maßnahmen unter Bezug auf die Umwelten des Unternehmens zu beachten. Interessant ist dies bereits bei der Bewertung und Wahl des Unternehmensstandortes.

Sicherheitsfaktor Standort

4

Die Wahl des optimalen Standortes für ein Unternehmen war und ist Chefsache, und dies aus guten Gründen: Zunächst ist der Unternehmensstandort ein wesentlicher Erfolgsfaktor, für bestimmte Unternehmen sogar der entscheidende Erfolgsfaktor. Des Weiteren sind beispielsweise die Nähe zu benötigten Ressourcen wie Rohstoffe, Energie und qualifizierte Mitarbeiter, die Verkehrsinfrastruktur, vorhandene Absatzmärkte und die steuerlichen und sonstigen rechtlichen Rahmenbedingungen, Faktoren die die Attraktivität eines Standortes für Unternehmen bestimmten. Entsprechend intensiv beschäftigen sich Unternehmen mit Standortfragen.

4.1 Mobile Unternehmen

Unternehmen sind heute mobiler denn je, denn Mergers & Akquisitions, die Erschließung neuer Märkte und die Standortwahl als Katalysator für notwendige Restrukturierungsprozesse bringen Bewegung in Standorte. Daran hat ganz Europa ein Interesse, denn in naher Zukunft wird für die Industrieländer Europas nur ein geringes Wirtschaftswachstum prognostiziert. Es ist daher aus kaufmännischer Sicht ein logischer Schritt, auf die dynamische Wirtschaftsentwicklung in Emerging Markets zu setzen. Die Europäische Kommission geht davon aus, dass bis 2015 rund 90 % des weltweiten Wirtschaftswachstums außerhalb der EU geschaffen werden. Für die EU sind insbesondere die USA, China, Russland, der arabische Raum, Japan, Indien und Brasilien relevante Partner. Sie stellen die wichtigsten Exportmärkte der EU in Bezug auf Waren, Dienstleistungen und ausländische Direktinvestitionen dar. Somit stellt sich für immer mehr Unternehmen die Frage nach neuen, zusätzlichen Standorten zur Bearbeitung dieser Hoffnungsmärkte. Neue, heute noch exotische Standorte stehen ebenso zur Diskussion. Wichtig ist es in vielen Branchen, der Erste auf neuen Märkten zu sein. Der vielzitierte Standortwettbewerb ist Realität – zugunsten der Unternehmen. Vielen Unternehmen ist jedoch nicht ausreichend bewusst, dass es dabei nicht nur um Wachstum und Produktivität geht, sondern damit verbunden ebenso um Schutz und Sicherheit des eigenen Unternehmens und seines Wissens.

4.2   Spione als Standortexperten

Die Standortfrage ist nicht nur für das Management von Unternehmen selbst und für die unmittelbare (friedliche) Konkurrenz oder die Liefer- und Absatzmärkte zentral. Die Gruppe der Akteure der Wirtschafts- und Industriespionage sowie der aggressiven Competitive Intelligence Betreiber beschäftigen sich gleichfalls sehr ausführlich und fundiert mit Standortfragen.

Für ihren „Erfolg" haben Standortfragen eine mindestens ebenso hohe Priorität wie für Geschäftsführer und Manager von Unternehmen. Spione nähern sich dem Thema Standort mit hoher analytischer Kompetenz und intensiver Vorbereitung.

So sind etwa für die Spionage-Methode des *Social Engineering* Standorte, die von attraktiver gastronomischer Infrastruktur umgeben sind optimal. Hier lassen sich leicht Mitarbeiter ansprechen, die eventuell mehr ausplaudern, als sie sollten. Hochinteressant für Spione sind natürlich Regionen, an denen vielleicht mehrere Unternehmen der gleichen Branche angesiedelt sind und gegebenenfalls in losen Netzwerken oder sogar in Clustern organisiert sind, um Synergien zu nutzen. Wirtschafts- und Industrieparks liefern dies auf engem Raum.

Das Thema Standort beinhaltet eine Vielzahl von Risikofaktoren, die vom Management identifiziert und im Sicherheitsmanagement des Unternehmens berücksichtigt werden müssen. Unternehmen, die ihren Standort beibehalten wollen, tun gut daran, sich über dessen sicherheitspolitische Vor- und Nachteile im Klaren zu sein, um entsprechende Maßnahmen setzen zu können. Unternehmen, welche sich aus unterschiedlichsten Gründen geografisch verändern wollen, haben insbesondere bei neuen Standorten im Ausland einen Handlungsbedarf hinsichtlich der (rechtlichen) Herausforderungen im Bereich des Informationsmanagements, der sicheren Kommunikation innerhalb des Unternehmens sowie der Offenlegungspflichten von Unternehmensinterna.

4.3   Entscheidungsrelevante Umwelten

Um das Sicherheitsmanagement des Unternehmens auf Basis eines umfassenden Ansatzes zu gestalten, ist die Bezugnahme auf die unterschiedlichen Umwelten des Unternehmens zu empfehlen. Neben historischen Aspekten, die oft bei gewachsenen Familienunternehmen bestimmende Faktoren sind, spielen unterschiedliche Einflussfaktoren für die Standortwahl eine entscheidende Rolle. Dabei gibt es eine Gruppe Faktoren, die von den Unternehmen nicht unmittelbar beeinflusst werden können, aber unbedingt zu beachten sind. Diese sogenannten „externe Umwelten" sind

- rechtliche und/oder politische Normen
- die wirtschaftliche Entwicklung
- sozio-kulturelle Bedingungen
- die Technologieentwicklung
- ökologische Bedingungen.[26]

4.4   Rechtliche Normen und politische Ziele am Prüfstand

Bei der rechtlich-politischen Umwelt handelt es sich um die vielfältigen Einflussquellen der nationalen und zunehmend internationalen (handels)rechtlichen Normen, denen Unternehmen unterworfen sind. Beispiele dafür sind das Steuerrecht, gewerberechtliche Normen oder das Arbeitsrecht. Diese Normen spielen bei Entscheidungen für oder gegen einen Standort oft eine zentrale Rolle. Unternehmen in hochkompetitiven Branchen nutzen den Standortwettbewerb gezielt, um ihren wirtschaftlichen Erfolg zu verbessern bzw. zu sichern. Vor Ort sind diese Normen aber nicht veränderbar.

Neben rechtlichen Normen spielen auch politische Zielsetzungen bei Markteintritts- und Standortentscheidungen eine Rolle. Sie sind meist in Regierungsprogrammen, nationalen oder europäischen Strategien verankert. Ein Beispiel dafür ist die in Deutschland beschlossene Energiewende, die Strom, Wärme und Verkehr umfasst. Mit der ab dem Jahr 2000 begonnenen und durch die Fukushima-Katastrophe erheblich beschleunigten Energiewende ist das politische Ziel verbunden,

---

26   Vgl. Backhaus (2010), S. 145.

ein enorme Wachstum von *green jobs*[27] zu ermöglichen. Die große Nachfrage nach (günstigen) erneuerbaren Energien in Deutschland und Europa hatte auch den Effekt, dass Europas größter Handelspartner China einen Schwerpunkt seiner Unternehmensneugründungen im Bereich Windenergie gesetzt hat.

Hier ist in Verbindung mit Wirtschafts- und Industriespionage als Beispiel der jüngeren Vergangenheit das kärntner Windkraftanlagenunternehmen zu nennen. Denn wäre der europäische Markt nicht hungrig nach der günstigen erneuerbaren Energie für Jedermann, so hätte Europas größter Handelspartner China möglicherweise nicht den Schwerpunkt seiner Unternehmensneugründungen im Bereich Windenergie angesetzt. Allerdings ist China selbst an der Erzeugung sauberer Energie interessiert und hat die Reduktion des CO_2-Ausstosses im aktuellen Fünf-Jahresplan festgelegt. Somit kann sich durch die Änderung der politischen Rahmenbedingungen bzw. Zielsetzungen im eigenen Land oder in einem wirtschaftlich eng verbundenen Land die Sicherheitslage bezüglich der Gefährdung durch Wirtschafts- und Industriespionage sogar am gleichen Standort entscheidend verändern.

4.5   Ökonomische Entwicklung und sozio-kulturelle Bedingungen

Von großer Bedeutung für Standortentscheidungen sind weiters die wirtschaftliche Entwicklung in einem Land und die damit verbundenen sozio-kulturellen Verbindungen. Nationales, regionales und globales Wirtschaftswachstum, Handelsbeziehungen und -hemmnisse, Staatsverschuldung, Wechselkurse oder die Qualität der diplomatischen Beziehungen spielen bei der Standortentscheidung eine bedeutsame Rolle. Unternehmen bevorzugen stabile und sichere Rahmenbedingungen, um ihre Geschäftstätigkeit optimal entfalten zu können.

Die faktische Handlungsfähigkeit eines Unternehmens an einem Standort wird aber auch maßgeblich von sozio-kulturellen Bedingungen beeinflusst. Diese haben meist größere und nachhaltigere Bedeutung, als man glaubt. Ihre Nichtbeachtung und Fehleinschätzungen in diesem Bereich können sich rasch in Unternehmenskrisen äußern. Demografische Merkmale eines Standortes, spezifische Wertmuster

---

27   Anmerkung: Green jobs sind Arbeitsplätze im Umweltsektor. In Österreich ist nach Angaben des Bundesministeriums für Land- und Forstwirtschaft, Umwelt und Wasserwirtschaft (BMLFUW) bereits jeder 20. Arbeitsplatz ein green job; rund 11 % des BIP werden in diesem Sektor erwirtschaftet.

und damit verbundene interkulturelle Unterschiede sind Faktoren, die bei Standortentscheidungen berücksichtigt werden müssen. Das Bildungssystem an einem Standort, das aus Sicht eines Unternehmens die Basis- und Schlüsselqualifikationen für einen effektiven Leistungsprozess vermitteln soll[28], spielt ebenfalls eine wichtige Rolle. Der im vorangegangenen Kapitel dargestellte Fall eines pakistanischen IT-Studenten, der in der Forschungsabteilung des Unternehmens C. Daten über die Steuerung und die Navigation von Drohnen ausgespäht und dem pakistanischen Geheimdienst übergeben haben soll, zeigt klar: Eine enge kulturelle Verbundenheit und daher eine hohe Loyalität zum Herkunftsland kann sich – bei nicht ausreichender Begleitung auf persönlicher Ebene – rasch zum massiven Nachteil von Unternehmen entwickeln. Die Loyalität von Mitarbeitern ist ein hohes Gut und kann zur Erhöhung und Erhaltung der Sicherheit vor Spionageangriffen durch gutes Management erreicht werden.

4.6 Höhere technologische Dynamik, mehr Sicherheitsrisiken

Wie kaum ein anderer Bereich ist die technologische Entwicklung für Unternehmen von Relevanz. Die rasante Entwicklung der Informations- und Kommunikationstechnologien, der allgemeine technische Fortschritt und neue Erkenntnisse in den Natur- und Ingenieurswissenschaften an den Hochschulen sowie die Forschung & Entwicklung der Konkurrenz bilden einen wichtigen Teil der technologischen Umwelt des Unternehmens. Folgende Entwicklungen stehen dabei im Mittelpunkt:

- Beschleunigung des technologischen Wandels
- Entwicklung neuer Technologien in wirtschaftlich erfolgversprechenden Gebieten (z. B. Bio- und Gentechnologie, Nanotechnologie)
- Verkürzung der Produktlebenszyklen
- erhöhter Einsatz an finanziellen Mitteln – hier interessant: nationale und internationale Förderungen
- erhöhtes Risiko der Forschung & Entwicklung – hier interessant: die Problematik des Schutzes von Ergebnissen der Grundlagenforschung
- erhöhte Notwendigkeit zum Schutz eigener Technologien.[29]

---

28 Vgl. Schreyögg (2003), S. 317.
29 Thommen (2012), S. 56.

Das immer dynamischer werdende technologische Umfeld ist ein wichtiger Faktor bei der Standortwahl – für Unternehmen wie für Spione. In diesem Kontext sind Cluster, Wirtschafts- und Industrieparks oder Innovationszentren Standorte und Netzwerke, die neben erheblichen Chancen ebenso erhebliche Sicherheitsrisiken für Unternehmen bedeuten können.

4.7   Weniger Ökologie, weniger Sicherheit?

Die ökologischen Bedingungen schließen die Natur im weitesten Sinne der Betrachtungen mit ein. Die Natur mit ihren knappen Ressourcen, die Eingriffe des Menschen und die Verwendung der natürlichen Ressourcen als Inputfaktoren für die Unternehmen stehen hier neben den negativen externen Effekten durch die Tätigkeit der Unternehmen im Fokus. In Geld bewertete negative externe Effekte werden als Sozialkosten bezeichnet und können einen wesentlichen (Entscheidungs-)Faktor für die Standortwahl darstellen. Zum einen geraten Unternehmen – insbesondere in den alten Industrieländern – zunehmend unter Druck bestimmte Auflagen zur Vermeidung von negativen externen Effekten zu erfüllen. Zum anderen muss nach wie vor oftmals die Allgemeinheit diese Folgekosten tragen. Dies führt dazu, dass durch die weniger restriktiven Umweltauflagen in einigen Ländern die Wettbewerbsverhältnisse verfälscht werden; durch die umweltbelastende Produktion können Kosten (die Sozialkosten) externalisiert werden, und somit die Reduzierung der Produktionskosten und einem damit verbundenen Wettbewerbsvorteil erzielt werden. So sind die dank „Fracking" niedrigen Energiekosten – im Gegensatz zu den extrem teuren erneuerbaren Energien – für Industriebetriebe und deren Standortwahl sehr attraktiv. Dies kann zur Abwanderung großer Unternehmen führen, welche dann im Fracking betreibenden Ausland anderen Produktstandards unterliegen und sohin langfristig zu einer Unterwanderung hoher europäischer Standards führen könnte.

4.8 Am meisten gefährdete Unternehmensbereiche

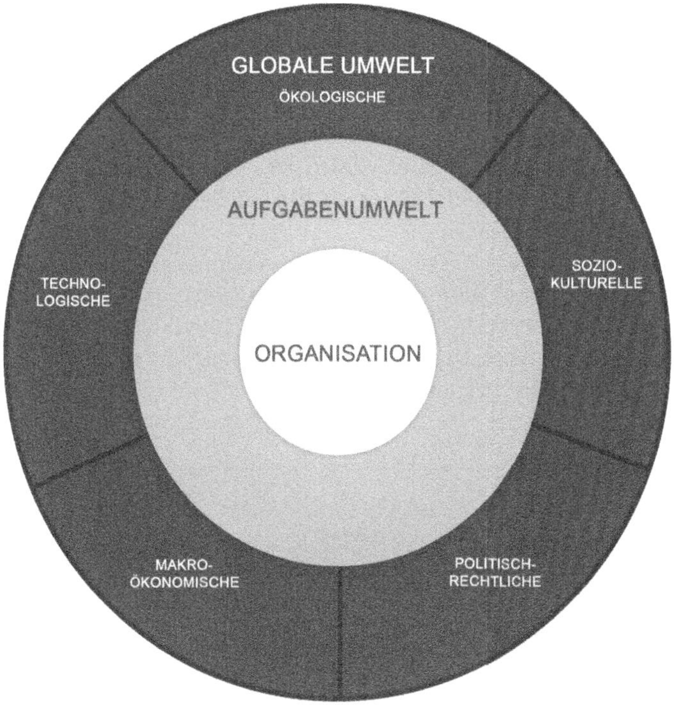

Abb. 11 Relevanzbereiche der organisatorischen Umwelt
© Eigene Darstellung: In Anlehnung an Lawrence/Lorsch (1967), o. S.

Ergänzend zu der beschriebenen globalen Umwelt kann die Aufgabenumwelt bzw. in Anlehnung an die Terminologie von Porter die Wettbewerbsumwelt angeführt werden. Diese Wettbewerbsumwelt umfasst all jene Faktoren die die Wettbewerbssituation in einem Geschäftsfeld bestimmen. Neben der im Kartellrecht gebräuchlichen Bestimmung des „relevanten Marktes" und der „Marktbeherrschung" sind in diesem Zusammenhang Konzepte der strategischen Unternehmensführung anzuführen.

Die Aufgabenumwelt als Wettbewerbsumwelt setzt sich aus folgenden Faktoren zusammen:

- Rivalität unter Anbietern – (un)mittelbare Konkurrenten

- Potentielle Neuanbieter – Marktzutrittsmöglichkeiten
- Substitutionsprodukte
- Abnehmer
- Lieferanten
- Industrielle Beziehungen/Politik

Diese Faktoren können durch unterschiedliche Interessensgruppen (Stakeholder-Ansatz) verfeinert bzw. ergänzt werden. So sind z. B. Regierungen, Parteien, Kommunalverwaltungen und Gewerkschaften bei dem Faktor „Industrielle Beziehungen/Politik" zu nennen.

Einen betriebswirtschaftlichen Fokus auf den Konnex zwischen dem Standort und der Sicherheit des Unternehmens vor Wirtschafts- und Industriespionage ermöglicht das segmentierte Umwelt-Modell nach *Lawrence/Lorsch (1967)*.[30] Damit werden die von Wirtschafts- und Industriespionage am meisten gefährdeten Unternehmensbereiche sichtbar.

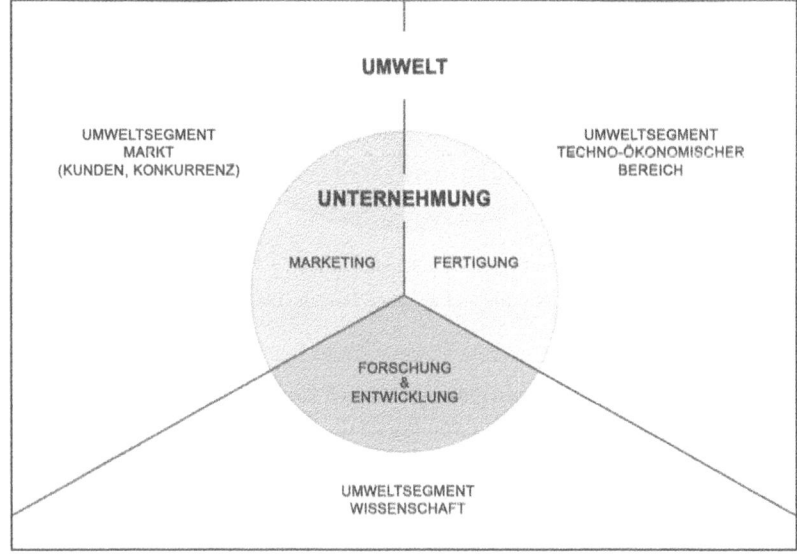

Abb. 12 Segmentiertes Umweltmodell nach Lawrence/Lorsch
© Eigene Darstellung; in Anlehnung an Schreyögg (2003), S. 336

---

30 siehe hierzu: Lawrence/Lorsch (1967).

Die Zuordnung der Ziele der Wirtschafts- und Industriespionage[31] zu den einzelnen Umwelten des Modells (Marketing, Fertigung, Forschung & Entwicklung) macht den unmittelbaren Zusammenhang zur Wirtschafts- und Industriespionage deutlich.

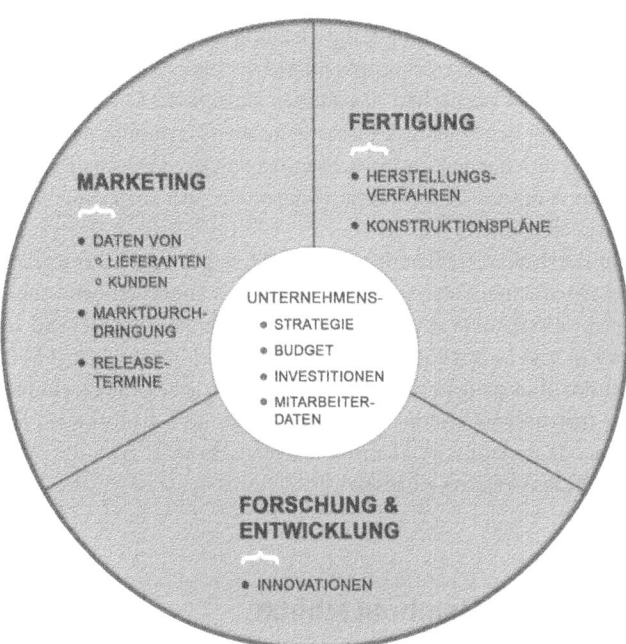

Abb. 13 Zuordnung der Ziele der WIS zu den Umwelten
© Eigene Darstellung

Im Verständnis von *Lawrence* und *Lorsch* sind Unternehmen offene Systeme, die durch die Unterteilung in Subsysteme – unternehmensintern die Abteilungen und unternehmensextern die unterschiedlichen Umwelten – dafür Sorge tragen müssen, dass eine ausreichende Interaktion zwischen diesen stattfinden kann. Das Management als Steuerungselement dieses offenen Systems muss somit für eine entsprechende Differenzierung wie für die Integration – das heißt optimale Zusammenarbeit – der separaten Teile des Unternehmens sorgen. Nur so können

---

31   siehe hierzu: Abbildung 12.

Funktionsfähigkeit und Anpassungsfähigkeit des Systems an die Erfordernisse der umgebenden Umwelt gewährleistet werden. Den jeweiligen Subsystemen stehen dabei unterschiedliche Umweltsektoren gegenüber.

In den von Wirtschafts- und Industriespionage zumeist betroffenen Sparten Industrie und Gewerbe und Handwerk[32] nehmen die Unternehmensbereiche Fertigung, Marketing und Forschung & Entwicklung eine zentrale Stellung ein. Ihnen stehen die Umweltsektoren „techno-ökonomischer Bereich", „Markt" (Konkurrenz und Kunden) und „Wissenschaft" gegenüber. Unsicherheit in diesen Umweltsektoren ist Ausdruck der Dynamik dieser Umwelten. Dynamische Branchen sind gekennzeichnet durch einen stetig wachsenden Stock wissenschaftlicher Erkenntnisse – daraus resultiert Unsicherheit darüber, wie sich eben diese Erkenntnisse auf den Markt auswirken.

Dies erfordert besondere Bemühungen des Managements zur Integration dieser stark unterschiedlichen Subsysteme innerhalb des Unternehmens. Die Teilhabe des einzelnen Mitarbeiters am Gesamtunternehmen ist entsprechend zu fördern bzw. zu stärken und zu institutionalisieren. Empirisch konnte belegt werden, dass entsprechendes Management selbst in stark differenzierten Unternehmen über die klassischen Instrumente Hierarchie und Programme – als formalen Strukturen – hinausgehende dynamische Elemente einsetzt. So wird etwa die Methode der offenen Konfliktaustragung eingesetzt.[33]

4.9   Informelle Membran schützt

Mehr Formalisierung alleine bedeutet nicht mehr Sicherheit: Die Tendenz, den durch die externen Umwelten hervorgerufenen Unsicherheiten unternehmensintern durch einen höheren Grad der Formalisierung zu begegnen, kann die Bildung von eigenen Kulturen in einzelnen Subsystemen[34] begünstigen. Mit Blick auf Wirtschafts- und Industriespionage besteht die Gefahr, dass zwar formale Aspekte (wie z. B. Klauseln in Arbeitsverträgen sowie Zugriffsbeschränkungen nach dem Need-to-Know Prinzip) besonders berücksichtigt bzw. gelebt werden, informelle Aspekte aber vernachlässigt werden.

Dafür ist der in Kapitel 3 präsentierte Fall P. ein eindrückliches Beispiel. Nebst der Tätigkeit eines ehemaligen Angestellten als „Berater" eines Konkurrenzunterneh-

---

32   siehe hierzu: Ergebnisse der Studie WIS 2010 in FHCW/.BVT (2010).

33   Vgl. Schreyögg (2003), S. 341ff.

34   siehe hierzu: Inhalte der nachfolgenden Kapitel.

mens sind hier vor allem die nach seinem Austritt aus dem Unternehmen weiterhin bestehenden Kontakte zu Personen in relevanten Abteilungen des Unternehmens bzw. die von ihnen bereitgestellten Informationen relevant. Ein derartiger Know-how-Abfluss kann nicht durch formale Regelungen verhindert werden. Empirische Erkenntnisse zeigen vielmehr, dass die geringere Betonung der Hierarchie den engsten Bezug zum ökonomischen Erfolg aufweist.

Formale Systeme können von Akteuren der Wirtschafts- und Industriespionage vergleichsweise besser in Erfahrung gebracht und daraus entsprechende Ansatzpunkte bzw. Personen abgeleitet werden. Unternehmen, in welchen die unterschiedlichen Subsysteme bzw. Abteilungen relevantes Wissen entsprechend austauschen, sich jedoch der Bedeutung dieses Know-hows bzw. seines Schutzes für das Gesamtunternehmen bewusst sind, verfügen hingegen über einen hohen Grad an Schutz und Sicherheit gegenüber ihren Umwelten. Konkret bedeutet dies: Mehr Loyalität zum Unternehmen durch die Übertragung von Verantwortung auf die Mitarbeiter und die daraus resultierende Mitarbeiterzufriedenheit bewirkt somit einen informellen „Membraneffekt".

4.10 Umwelten bewerten

Für das Management hat diese Erkenntnis klare Konsequenzen: Unterschiedliche Umwelten und die Standortwahl eines Unternehmens bedingen einander wechselseitig. Bei der Standortanalyse sind die entsprechenden Umwelten zu bewerten und im Rahmen der Nutzwertanalyse hinsichtlich der Bedeutung für das Unternehmen zu gewichten.

In der Management-Literatur werden Umweltanalyse und Standort-/ Nutzwertanalyse beinahe synonym verwendet. Die Bezeichnung Standort-/ Nutzwertanalyse bringt jedoch die Überlegungen eines Unternehmens im Zuge eines Internationalisierungsprozesses besser zum Ausdruck, da Standortplanung für ein Unternehmen zumeist erst in einer expansiven Phase wie der Internationalisierung ein Thema darstellt.

4.11   Faktoren der Standortwahl

Traditionell werden Unternehmensstandorte insbesondere bei der Unternehmensgründung nicht notwendigerweise anhand wirtschaftswissenschaftlicher Erkenntnisse getroffen, sondern aus persönlichen Überlegungen heraus. Meist entsteht das Unternehmen am Wohnort des Firmengründers. Der Standort eines Unternehmens ist zunächst der geografische Ort, an dem dieses seine Produktionsfaktoren einsetzt.[35] Ein Unternehmen kann aus unterschiedlichen Gründen natürlich auch mehrere Standorte – Betriebsstätten, Zweigniederlassungen, Tochtergesellschaften, etc. – aufweisen.

Nach dem Grad der geografischen Ausbreitung lassen sich verschiedene Standortkategorien unterschieden. Die zentralen Kategorien sind der Ort der Produktion und der Ort des Absatzes. Sohin kann sich ein Unternehmen auf einen lokalen, nationalen oder globalen Standort beschränken oder sich auch ausdehnen. Die Beschränkung auf einen regionalen Standort kann insbesondere mit den eingesetzten Produktionsmitteln (Humankapital, Rohstoffe) zusammenhängen, da durch die heutigen technischen Möglichkeiten die Absatzmärkte aus rein transportlogistischen Überlegungen nur noch bedingt beschränkt sind.

Für die Wahl des Standortes ist ein umfassendes Kriterienbündel heranzuziehen, um entsprechend den gegenwärtigen und zukünftigen (erwarteten) Eigenschaften am besten den Anforderungen des Unternehmens bzw. seinen Expansionsplänen zu entsprechen. Es handelt sich dabei um:

- Arbeitsbezogene Standortfaktoren
- Materialbezogene Standortfaktoren
    - Transportkosten
    - Zuliefersicherheit
    - Art des Produktes
- Absatzbezogene Standortfaktoren
- Infrastrukturbezogene Standortfaktoren
    - Verkehr/Logistik
    - Immobilien
    - Energiekosten
- Umweltbezogene Standortfaktoren
- Abgabenbezogene Standortfaktoren
- rechtliche/politische Standortfaktoren

---

35 Vgl. Thommen (2012), S. 101f.

All diese Standortfaktoren sind jedenfalls nicht nur bei den rein betriebswirtschaftlichen Überlegungen des Unternehmens zu beachten, sondern ebenfalls mit Blick auf den Schutz des unternehmensinternen Know-hows. Beispiele dafür sind:

- In Kombination mit der zuvor erläuterten segmentierten Umweltanalyse lassen sich Verbindungen zwischen Forschungsunternehmen und Standorten universitärer Einrichtungen darstellen (infrastrukturelle und arbeitsbezogene Standortfaktoren). Bei einer weiterreichenden Betrachtung lassen sich von den angebotenen Studienrichtungen und der Quote der ausländischen Studierenden mitunter Rückschlüsse auf bestimmte Interessen anderer Staaten ziehen.
- Die Wahl eines Unternehmensstandorts im urbanen Bereich hängt im Regelfall mit den besseren infrastrukturellen Voraussetzungen sowie mit der Verfügbarkeit von entsprechend qualifizierten Arbeitskräften zusammen. Dies bietet jedoch durch den höheren Grad der Anonymität mehr Möglichkeiten des klassischen *Social Engineerings*, da Mitarbeiter von unterschiedlichen Unternehmen beruflich, privat oder aufgrund der gemeinsamen Ausbildung besser vernetzt sind und bei fehlender Sensibilität die Gefahr der (unbewussten) Weitergabe von unternehmensinternen Informationen deutlich höher ist.
- Mit Blick auf materialbezogene Standortfaktoren stellen oftmals die Aktivitäten eines Unternehmens zur Erschließung neuer Rohstoffquellen oder von Entstehungsorten von Hilfs-, Betriebs-, Halb- sowie Fertigfabrikaten entscheidende Informationen für einen Wettbewerbsvorteil der Konkurrenz dar.

Bei einer Standort-/Nutzwertanalyse werden alle relevanten Standortfaktoren aufgelistet und nach qualitativen Kriterien mit Bedeutung für das Unternehmen gewichtet. Somit ergeben sich durch die Bewertung eine Summe aller Nutzen der verschiedenen Standortfaktoren und schließlich der Gesamtnutzen des jeweiligen Standorts. Den Sicherheitsaspekt dabei integriert zu betrachten, gehört heute zu den Pflichten professionellen Managements.

4.12 Standortwahl im Ausland

In Zusammenhang mit den Bemühungen von Unternehmen, auf Emerging Markets Fuß zu fassen, ist die Standort-/Nutzwertanalyse um spezifische Faktoren zu erweitern. Es handelt sich dabei zusätzlich zu den rechtlichen Rahmenbedingungen etwa für Tochtergesellschaften oder Betriebsstätten um:

- die Sicherheitssituation des Landes und des Standorts,
- die Verfügbarkeit und Verlässlichkeit von Dienstleistern und Infrastrukturen,
- die erfolgte oder geplante Ansiedelung von nationalen und internationalen Unternehmen der gleichen Branche am Ort,
- die erfolgte oder geplante Ansiedelung internationaler Organisationen am Ort,
- den Status des Landes als „Schwellenland", EU-Randland etc.,
- die tatsächlich Nachfrage nach den erzeugten Produkten,
- die Verfügbarkeit von Humankapital und Fachkräften,
- die Entsendung von Mitarbeitern, falls vorerst keine lokalen Fachkräfte eingesetzt werden,
- die Entwicklung von Perspektiven für diese Mitarbeiter nach ihrer Rückkehr,
- die sichere länderübergreifende bzw. standortübergreifende Kommunikation,
- die Bedeutung und Dimension interkultureller Unterschiede (z. B. ein europäisches Unternehmen in der arabischen Welt).

Die genaue Analyse des Risikopotentials ist unverzichtbar, damit das eigene Unternehmen wirtschaftliche Chancen bestmöglich wahrnehmen kann, dabei aber ebenso bestmöglich geschützt ist.

So gibt es in unterschiedlichen Ländern Praktiken, die mit Blick auf Wirtschafts- und Industriespionage äußerst gefährlich sind. In China beispielsweise werden für die Errichtung eines Werkes Konstruktionszeichnungen der Fertigungsanlagen, die von einem chinesisch zertifizierten Planungsunternehmen zu erstellen sind, benötigt. Mit der Zeichnung erwirbt das Planungsbüro allerdings die Eigentumsrechte für die Pläne. Dies birgt die Gefahr, dass ein baugleicher Konkurrenzbetrieb entsteht. Erhebliche Gefahr für Informationsabfluss besteht aber nicht ausschließlich in autokratischen Staaten bzw. in Diktaturen, wo interne Unterlagen unter Vorwänden von Behörden beschlagnahmt und entsprechend „weiterverwertet" werden können. Vielmehr bedienen sich marktwirtschaftliche Demokratien bzw. deren Behörden gerne „privater" Unternehmen für die Stärkung der Wirtschaft. Die Mitarbeiter haben beispielsweise eine berufliche Vergangenheit bei Geheimdiensten und setzen ihr Wissen gezielt zur Analyse von Märkten ein. Umso wichtiger ist es, sich vor einer Expansion ins Ausland einen fundierten Überblick über die dortigen Gefahrenpotentiale hinsichtlich Wirtschafts- und Industriespionage zu erarbeiten, und dieses Schadenspotential streng kaufmännisch dem erwarteten Unternehmens-Nutzen gegenüberzustellen, denn erfolgreiches Management denkt langfristig.

Literatur

Backhaus, Klaus; Voeth, Markus (2010): Industriegütermarketing. 9. überarbeitete Auflage. Verlag Franz Vahlen München.

Lawrence, Paul R.; Lorsch, Jay W. (1967): Differentiation and Integration in Complex Organizations. . S.1-47 in: Administrative Science Quarterly, Band 12, Ausgabe 1 – Juni, Cornell University, Ithaca USA.

Schreyögg, Georg (2003): Organisation, Grundlagen moderner Organisationsgestaltung, 4. vollständig überarbeitete Auflage, Gabler Verlag, Wiesbaden.

Thommen, Jean-Paul; Achleitner, Ann-Kristin (2012): Allgemeine Betriebswirtschaftslehre, Umfassende Einführung aus managementorientierter Sicht. 7. vollständig überarbeitete Auflage. Springer Gabler, Wiesbaden.

Ausländisches Recht und Spionage 5

Für den Erfolg internationaler Kooperationen ist es immer wichtig, dass die wirtschaftlichen Beziehungen auf einer sicheren Basis stehen. Das ist auch mit Blick auf Wirtschafts- und Industriespionage entscheidend. Wobei hier zu viel „Transparenz" überaus negative Effekte haben kann. Denn rechtliche Bestimmungen können den ungewollten Abfluss von Informationen an die Konkurrenz zur Folge haben.

Offenlegungspflichten, Patente und Urheberrechte, spezifische nationalstaatliche Bestimmungen, internationales Handelsrecht: Eine Vielzahl von Regulativen hat Einfluss darauf, welche Informationen Unternehmen bei internationalen Kooperationen offenlegen müssen und welche Informationen zumindest auf dem Papier geschützt sind. Die Gratwanderung zwischen der Erfüllung gesetzlicher Pflichten und der Gefahr des Abflusses unternehmensinterner Informationen ist mitunter recht knifflig.

5.1 Die Joint Venture-Gefahr

Internationale Kooperationen zwischen Unternehmen erfreuen sich wachsender Beliebtheit – und sind in ganz unterschiedlichen Formen möglich. Kooperationen können mit oder ohne Kapitalbeteiligung erfolgen, sie können unterschiedliche Rechtsformen nützen und eine große Bandbreite an vertraglichen Grundlagen aufweisen.

Die Erfahrung zeigt, dass eine Form für den ungewollten Abfluss von Informationen leider besonders „geeignet" ist: das Joint Venture. Eine gemeinsame Tochtergesellschaft mit einem Unternehmen vor Ort wird von vielen Unternehmen als vorteilhaft angesehen, um rasch am neuen Markt reüssieren zu können. Joint Ventures werden in der Praxis häufig für den Markteintritt in Schwellen- und Entwicklungsländern genutzt. Lokale Partner machen es möglich, kulturelle Un-

terschiede rasch zu überwinden und damit rasch neue Beschaffungsmärkte für
Rohstoffe, Lieferanten von Produkten und Dienstleistungen zu erschließen. In
Einzelfällen nützen bereits international agierende Unternehmen Joint Ventures,
um Konkurrenzkämpfe bei der Erschließung neuer Märkte zu vermeiden.

Aus kaufmännischer Sicht spricht für ein Joint Venture die Aufteilung des
unternehmerischen Risikos. Die Kombination der Stärken des eigenen Unternehmens mit den Stärken des Partnerunternehmens bringt Synergieeffekte und
Wettbewerbsvorteile.[36] Neben dem Kapital steuern die Gründungsgesellschaften
meist zudem einen wesentlichen Ressourcenanteil an Technologie, Schutzrechten
und technischem bzw. Marketing-Know-how bei. Zu beachten sind hier wiederum
die rechtlichen Bestimmungen in den Investitionsländern, denn oftmals sind es
aufgrund dieser Bestimmungen die jeweils nationalen Partner die die Mehrheit
an dem Joint Venture halten. Das in das Joint Venture eingebrachte Know-how
wechselt nicht selten ebenfalls den Eigentümer.

Neben der Möglichkeit eines Equity Joint Ventures d. h. einer rechtlich selbststän-
digen Unternehmung mit unterschiedlich hoher finanzieller Beteiligung und somit
unterschiedlich hohem finanziellen Risiko der Partnerunternehmen, bedienen sich
Unternehmen oftmals dem Konstrukt des Contractual Joint Venture. Wenngleich
bei der Einordnung von Unternehmenskooperationen als Contractual Joint Venture
keine begriffliche Klarheit herrscht, so werden unter dem „Typus" Kooperationen
wie ARGE, PPP-Verträge, Vertriebsverträge oder F&E Verträge verstanden.[37] Die
grundsätzliche Abgrenzung zum Equity Joint Venture ist darin zu sehen, dass von
den beteiligten Partnern keine Unternehmung mit eigener Rechtspersönlichkeit
aufgebaut wird und sohin die unternehmerische Verantwortung bzw. das unternehmerische Risiko jeweils im Unternehmen verbleibt.[38]

Unerheblich, welche Form von Joint Venture angestrebt wird, so ist das Management hier sowie bei allen anderen Kooperationsformen gefordert, im Vorfeld
vertraglicher Verpflichtungen eine umfassende Analyse vorzunehmen. Für den
umsatztechnischen Nutzen ist dies bereits Standard, für sicherheitsrelevante Aspekte
– den Schutz der Geschäfts- und Betriebsgeheimnisse – eines Unternehmens fehlt
oftmals noch ein entsprechendes Risikomanagement im Vorfeld der Kooperation.

---

36 Vgl. Gabler Wirtschaftslexikon (2013), Stichwort: Joint Venture.
37 Vgl. Fett et. al. (2009), S. 5f.
38 Vgl. Kutschker/Schmid (2008), S. 888 ff.

5.2 Offenlegungspflichten in der Praxis

Ein wichtiges Thema in diesem Zusammenhang sind Offenlegungspflichten, denen Unternehmen in anderen Staaten nachkommen müssen. In den letzten Jahren geht der Trend in für europäische Unternehmen interessanten Investitions- bzw. Absatzmärkten dahin, dass diese Länder – zusätzlich zu den Fertigungsanlagen – den Aufbau von Entwicklungskapazitäten vor Ort verpflichtend einfordern, weitere Normen aufstellen und vor allem auch Offenlegungspflichten einführen.

Ein Beispiel dafür ist das China Compulsory Certificate (CCC). Dieses Zertifikat zur Standardisierung der Produktqualität ist dem europäischen CE-System nicht unähnlich. Es weist jedoch einige nicht nur kostenintensive, sondern mit Blick auf das Know-how von Unternehmen kritische Eigenheiten auf. Das 2002 eingeführte CCC-Zertifikat gilt für importierte und chinesische Produkte gleichermaßen. Produkte werden bei Nichtbeachtung an der Grenze festgehalten. Sie können damit weder importiert noch exportiert werden. Das ist ein überzeugender Grund, die Anforderungen des Zertifikats zu erfüllen.

Der aufwändige Zertifizierungsprozess für Waren umfasst:

- die Anmeldung bzw. den Antrag zur Zertifizierung, wofür umfangreiche Dokumente erforderlich sind,
- die Versendung von Produktmustern zur Vornahme von Produkttests in einem chinesischen Testlabor,
- das Werksaudit, für das die Zertifizierungsbehörde ausgewählte chinesische Inspekteure entsendet, die eine zumeist zweitägige Inspektion der Produktionsstätte durchführen,
- den Erhalt des CCC sowie die Beantragung bzw. Berechtigung zur Kennzeichnung der Waren mit dem CCC-Logo,
- die jährliche Follow-Up Zertifizierung, bei welcher abermals ein Werksaudit durchgeführt wird.

Die angeführten Werksaudits finden jedoch nicht nur in China statt. Der Stammsitz des Unternehmens in Europa sowie die Produktionsstätte werden ebenfalls gerne durch chinesische Inspekteure überprüft.

5.3 Strategische Konsequenzen für Unternehmen

Die mit dem Prozess verbundene Offenlegung relevanter Produktinformationen kann zweifellos eine hohe Gefährdung des relevanten Unternehmens-Know-hows nach sich ziehen. Unternehmen müssen daraus die richtigen Konsequenzen ziehen. Diese können allerdings nicht in der Vermeidung des Verfahrens liegen. Das wäre aus unternehmerischer Sicht wenig zielführend. Die richtige Vorgangsweise besteht darin, die Unternehmensstrategie – unter Beachtung des Need-to-know Prinzips – an diese Erfordernisse anzupassen.

Ein strategischer Ansatz kann etwa darin bestehen, das Unternehmen im Ausland so zu positionieren, dass nur bereits ausgereifte Produkte produziert werden. Dabei kann es sich um eine Produktgeneration vor der aktuellen handeln.

Weiters kann sich das Partnerunternehmen bzw. die Unternehmensniederlassung auf Teilprodukte konzentrieren, deren Konstruktion bereits mit Blick auf Offenlegungspflichten erfolgte. So kann schon bei der Entwicklung verhindert werden, dass durch Offenlegungspflichten Rückschlüsse auf das Gesamtprodukt möglich sind und der Wettbewerbsvorteil ernsthaft und nachhaltig gefährdet ist.

Bei internationalen Geschäftsabläufen, seien es Kunden- oder Lieferantenbeziehungen und Produktionsstätten, sollte das Management die wirtschaftlichen und politischen Rahmenbedingungen sowie die Zielsetzungen der Länder, in welchen das Unternehmen tätig ist, in die eigene mittel- und langfristige Unternehmensstrategie mitcinfließen lassen. Hier sind oft bemerkenswerte Erkenntnisse für das eigene Unternehmen ohne großen Aufwand generierbar.

5.4 Vom Partner zum Opfer

Wie bedeutsam eine solche Analyse ist, zeigt der eingangs dargestellte Fall des kärntner Windkraftanlagenunternehmens – ein Unternehmen im Bereich der erneuerbaren Energien mit intensiven Geschäftsbeziehungen nach China. Die Durchsicht des zum damaligen Zeitpunkt (2011) gültigen Fünfjahresplan Chinas dokumentiert, dass insbesondere der Reduzierung der CO_2-Belastung bei der Energiegewinnung sowie dem Gedanken des etwas langsamerem, jedoch nachhaltigerem und umweltschonenderem Wirtschaftswachstum hoher Stellenwert zugemessen wird. Außer Frage steht dabei: Sind die dafür nötigen Ressourcen bzw. das nötige Know-how noch nicht in der eigenen Volkswirtschaft vorhanden, müssen diese von ausländischen Anbietern nachgefragt werden. Das österreichische Unternehmen bzw. der dahinter stehende in den USA etablierte Konzern präsentierte sich für das chinesische Unternehmen als geeigneter und enthusiastischer Partner.

Das teilstaatliche Unternehmen mit seinem klaren Ziel, bis 2015 Weltmarkführer im Bereich Windkraftanlagen zu sein, hatte zu diesem Zeitpunkt bereits Windkraftanlagen in Windparks in China, den USA, Schweden, Spanien sowie Südafrika in Betrieb. Der Mutterkonzern des österreichischen Unternehmens gab wiederholt an, dass 80 Prozent des Unternehmensumsatzes, insbesondere der der kärntner Tochter, durch die geschäftliche Verbindung mit dem chinesischen Unternehmen lukriert werden bzw. wurden.

Wenngleich diese Zusammenarbeit gewinnbringend war, so war es aus Sicht des chinesischen Vertragspartners ein – mittels illegaler Methoden – logischer Schritt, durch den Besitz der Steuerungssoftware sowie des zugehörigen Quellcodes günstigere Windkraftanlagen anbieten zu können. Somit konnte Sinovel seine Marktposition deutlich stärken. Dies um den Preis von 15.000 Euro und einem Versprechen über einen Fünfjahresvertrag mit einem Gehalt von insgesamt rund 1 Million Euro – die Kosten für die Dienstwohnung und weiterer Annehmlichkeiten in Peking nicht berücksichtigt.

Aufgrund der im Fünfjahresplan festgelegten Zielsetzungen und der staatlichen Unternehmensbeteiligung an Sinovel konnten die negativen rechtlichen und finanziellen Folgen des Falls auf chinesischer Seite relativ problemlos abgefangen werden. Auf europäischer bzw. österreichischer Seite hätte dieser Vorfall – ohne Schutz durch den US-amerikanischen Mutterkonzern – jedoch das Ende für das kärntner Unternehmen bedeutet. Offiziellen Angaben zufolge entsprach die gestohlene Software bzw. deren Entwicklung der Programmierarbeit von 15 Mitarbeitern über einen Zeitraum von fünf Jahren – und somit einem Betrag von rund 7,5 Millionen Euro. Während der Gerichtsverhandlung erklärte die damalige Geschäftsführung, dass das Unternehmen aufgrund der Spionage und des dadurch entstandenen Ausfalls des chinesischen Kunden 96 Millionen Euro abschreiben und 40 Mitarbeiter kündigen müsse. Die Konzernleitung bezeichnete die Folgen des Vorfalls als verheerend.

5.5 Immaterielle Güter schützen

Eine besondere Herausforderung bei geschäftlichen Aktivitäten im Ausland stellt der Schutz „geistiger Güter" dar. Das dafür entscheidende Rechtsgebiet ist das „Immaterialgüterrecht". Es unterscheidet grundsätzlich gewerbliche Schutzrechte und das Urheberrecht. Allerdings wird diese Unterscheidung angesichts der rasant steigenden Bedeutung der „Urheberrechtsbranche" und deren Einfluss auf die Wertschöpfung bzw. das BIP zunehmend prekär, da bereits ebenso gewerbliche Bereiche von der Anwendung des Urheberrechts betroffen sind.

5.6   Patentrecht, Gebrauchsmusterrecht und Wettbewerbsrecht

Das Patentrecht und das Gebrauchsmusterrecht gehören zu den gewerblichen Schutzrechten. Während der Begriff „Patent" für ein Schutzrecht an einer Erfindung, die neu ist, verwendet wird, bezeichnet der Begriff „Patentrecht" die Rechtsnormen (Patentrecht im objektiven Sinn) und die daraus ableitbaren Befugnisse des Einzelnen (Patentrecht im subjektiven Sinn). Obgleich im Patentrecht selbst keine exakte Definition des Begriffs der Erfindung vorgenommen wird, so lässt sich dieser durch die Abgrenzung zum Begriff der „Entdeckung" deutlich machen. Als „Entdeckung" wird die Auffindung von Erkenntnissen aus bereits Vorhandenen bezeichnet. Sie ist daher vom Schutz des Patentrechts ausgenommen.[39]

Das sogenannte „kleine Patent" – das Gebrauchsmusterrecht – regelt den Schutz für technische Entwicklungen, die nicht den Erfordernissen für eine Patenterteilung genügen. Der Vorteil liegt in einem schnelleren Anmeldeverfahren, das vor allem für schnelllebige Wirtschaftsgüter geeignet ist, und für KMU ein adäquates Instrument zum Schutz von Innovationen darstellt.

Historisch betrachtet umfasst der Schutz des Urheberrechts die klassischen Werke der Literatur, der bildenden Künste sowie der Filmkunst. Bedingt durch den technischen Fortschritt rücken in den letzten Jahren jedoch zunehmend Formate und Produkte wie beispielsweise speziell Videogames und Software in den durch das Urheberrecht schützbaren Bereich vor. Die volkswirtschaftliche Bedeutung dieser „Copyright-Industrie" ist nicht zu unterschätzen.

Das Wettbewerbsrecht hingegen umfasst Normen für die Regelung des wirtschaftlichen (Angebots-) Wettbewerbs. Aus ordnungspolitischen Gründen und insbesondere zur Vermeidung von Missbräuchen von Marktstellungen greift das Wettbewerbsrecht in die Freiheit der wirtschaftlichen Betätigung ein. Es soll das Funktionieren der Marktwirtschaft sicherstellen.

---

39   Vgl. Haybäck (2004), S. 105ff.

5.7 Unterschiedliche Möglichkeiten strafrechtlicher Verfolgung

Die Unterscheidung in durch rechtliche Normen – Patente, Gebrauchsmuster, Urheberrechte – geschütztes Know-how und in Geschäfts- und Betriebsgeheimnisse ist für die Möglichkeiten der strafrechtlichen Verfolgung von großer Bedeutung.

Immaterialgüter sind rechtlich als Vermögenswerte an verselbstständigten geistigen Gütern ausgestaltet. Sie geben ihrem Inhaber hierdurch, d. h. als subjektives Recht, die Berechtigung zur Verwertung. Außerhalb der Immaterialgüterrechte herrscht grundsätzlich Wettbewerbsfreiheit. Das ist eines der größten Probleme nicht schutzwürdiger Güter, Produkte oder Verfahren sowie bei der Verwertung von Fähigkeiten und Fertigkeiten von Personen. Im Gegensatz dazu hat der Inhaber von Immaterialgüterrechten eine positive Nutzungsbefugnis und ein negatives Abwehrrecht – und zwar gegenüber jedem Dritten und nicht nur innerhalb eines Vertragsverhältnisses.[40]

Die Voraussetzungen für einen derartigen Schutz von Produkten bzw. Verfahren sind jedoch entsprechend der rechtlichen Bestimmungen nicht immer gegeben, wodurch diese in den Bereich der Geschäfts- und Betriebsgeheimnisse einzuordnen sind und sohin hinsichtlich des Verrats eines solchen Geheimnisses unter das UWG bzw. unter die Bestimmungen des Strafgesetzbuches fallen. Ein Beispiel dafür ist der bereits erwähnte Fall des Unternehmens P. Der Lieferant R. eines für die Produktion benötigten Spezialpulvers hatte großes Interesse an einer intensiveren Zusammenarbeit gezeigt. Dies vor allem, um die durch das Unternehmen P. entwickelten innovativen Anwendungsmöglichkeiten des vertriebenen Spezialpulvers bzw. die Spezifikationen weiterer Produkte in Erfahrung zu bringen. Denn das Unternehmen R. wollte dieses Wissen für die Verbesserung bzw. „Neuentwicklung" der eigenen Produkte nutzen. Ein bereits gekündigter Mitarbeiter von P. sorgte durch seine neue Anstellung und seine alten Kontakte für den gewünschten Informationsabfluss.

5.8 Expertise nützen

Im Bereich des Patentschutzes werden jährlich beinahe unzählige Verfahren geführt; Tendenz steigend. Nicht nur große Konzerne versuchen durch diverse Urheberrechts- und Patentverfahren ihre eigenen Produkte zu schützen und damit

---

40 Vgl. Wiebe (2012), S. 25f.

Marktposition und Wettbewerbsfähigkeit aufrecht zu erhalten. Mittelständische Unternehmen, die internationale Produktionswege errichten, wehren sich ebenfalls dagegen, dass ihr Patentschutz bzw. ihre Urheberrechte insbesondere im – produzierenden – Ausland verletzt werden.

Dies brachte bisweilen, neben hoch spezialisierten Rechtsanwaltskanzleien, einen neuen Zweig in der Consulting-Branche hervor. Managementberatungsunternehmen spezialisieren sich auf bestimmte Staaten bzw. deren formellen und informellen „Spielregeln" und bieten Unternehmen in Europa welche in diesen Märkten aktiv sein möchten gezielt Dienstleistungen zum Schutz ihres Know-Hows an.

Das Angebot umfasst juristische Beratung etwa zu Zertifizierungsverfahren inklusive der „Kniffe", bei diesen Verfahren möglichst wenig Informationen und Details preisgeben zu müssen. Weiters verfügen derartige Unternehmen – sofern es sich um gut etablierte Unternehmen handelt – oftmals über Niederlassungen und einen hohen Vernetzungsgrad in den jeweiligen Handelsmetropolen der Zielländer. Dadurch können mögliche negative Rechtsfragen oder Rechtsstreitigkeiten mit einer höheren Wahrscheinlichkeit zugunsten des Auftraggebers gelöst werden.

An ausländischen Märkten und Partnern interessierte Unternehmen können darüber hinaus auf das Know-how spezialisierter Beratungsunternehmen und der Behörden zurückgreifen, um klassische Marktforschung sowie Competitve Intelligence zu betreiben. So nutzen sie – wie anhand der Spionagepyramide dargestellt[41], eine legale Form der Informationsgewinnung zum Schutz und zum Ausbau der Wettbewerbsfähigkeit des eigenen Unternehmens.

5.9   Mehr als Normen erfüllen

Sohin zeigt sich, dass es für Unternehmen mit internationalen Ambitionen mit Blick auf ihre Sicherheit um mehr geht, als nur darum, Normen und Vorgaben zu erfüllen. Die Erfüllung ausländischer bzw. internationaler rechtlicher und regulatorischer Normen ist delegierbar – etwa an Rechtsanwälte und andere Fachleute. Geht es um den Schutz vor Wirtschafts- und Industriespionage, ist es ebenfalls empfehlenswert, externes Know-how heranzuziehen. Doch die Verantwortung für die Umsetzung von strategischen und operativen Maßnahmen zum Schutz vor Spionage ist nicht unmittelbar delegierbar, sondern obliegt hinsichtlich der strategischen Entscheidung proaktiv zu handeln ausschließlich dem Management eines Unternehmens.

---

41   siehe hierzu: Abbildung 7 -Spionagepyramide.

Literatur

Fett, Torsten/Spiering, Christoph et. al. (2009): Handbuch Joint Venture. Verlag C.F. Wirtschaftsrecht, o. O.

Gabler Wirtschaftslexikon (Hg.): Stichwort: Joint Venture, online im Internet: http://wirtschaftslexikon.gabler.de/Archiv/968/joint-venture-v10.html, Stand vom 24.07.2013

Haybäck, Gerwin (2004): Das Recht am geistigen Eigentum, LexisNexis, ARD Orac Skriptum, Wien.

Kutschker, Michael/Schmid, Stefan (2008): Internationales Management, Springer Verlag, Oldenburg.

Wiebe, Andreas (Hg.) (2012): Wettbewerbs- und Immaterialgüterrecht. Facultas Verlag, Wien.

Sicher aufgestellt   6

Inspiriert von der Netzwerk-Ökonomie wurden und werden flache Hierarchien als zeitgemäße Unternehmensstrukturen propagiert. Dies erfolgt oft mit Berufung auf die Erkenntnisse der Transaktionskosten-Ökonomie: Vom britischen Ökonom und Nobelpreisträger *Ronald Coase* stammt die These[42], dass Unternehmen deshalb bestehen, um Reibungsverluste in einer arbeitsteiligen Wirtschaft zu senken. Die standardisierte Kooperation in einem Unternehmen sorgt für Effizienz und Kostensenkung, weil damit nicht jede einzelne Leistung, die gerade gebraucht wird, zugekauft werden muss. Die neuen Kommunikationstechnologien, allen voran das Internet, senkten die Koordinationskosten in und für Unternehmen dramatisch. Vor diesem Hintergrund sei es die bessere Lösung, einzelne Unternehmensfunktionen auszulagern. Alles, was nicht zum eigentlichen Geschäftsziel gehört, kann und soll von externen (Netzwerk-)Partnern übernommen werden, so die Anhänger der Netzwerk-Ökonomie. Unternehmen wurden und werden in dieser Konzeption als Netzwerke verstanden, die weniger vertikale Integration und deshalb auch keine starken Hierarchien mehr brauchen. Soweit die Theorie.

6.1   Loyalität durch Führung

In der Praxis werfen entsprechende Unternehmensstrukturen viele Fragezeichen auf. Denn wirksame Führung benötigt belastbare Strukturen. Mehr oder weniger stark geknüpfte Unternehmensnetzwerke können diese nicht gewährleisten – gerade nicht in wirtschaftlich fordernden Zeiten. Offen ist zudem die Sicherheitsfrage: Je mehr unternehmensrelevantes Know-how in den Händen von Netzwerk-Partnern

---

42 Anmerkung: Das Coase-Theorem. siehe hierzu: Coase (1988).

ist, desto weniger kann das Unternehmen selbst Schutzmaßnahmen gegen Wirtschafts- und Industriespionage implementieren.

Das Paradigma „flache Hierarchien" wird heute mitunter im Recruiting intensiv verwendet. Zahlreiche Unternehmen präsentieren sich potentiellen Arbeitnehmern als Arbeitgeber mit flacher Hierarchie, kurzen Entscheidungswegen und großer eigener Verantwortung. Mitarbeiter, die keine Verantwortung übertragen bekommen, könnten rasch die Motivation und Loyalität verlieren, so die Befürchtung von HR-Verantwortlichen. Dies ist natürlich ebenso aus Sicherheitsgründen relevant, denn unzufriedene Mitarbeiter dienen oftmals als Einfallstor für Wirtschafts- und Industriespionage.

Jedoch warnen immer mehr Experten davor, flache Hierarchien als Treiber für Mitarbeitermotivation zu sehen. „Wir alle sind ein Team" ist eine wohlklingende Formulierung, aber kein Führungsprinzip. Denn wo Führung nicht sichtbar und spürbar ist, entsteht häufig Unsicherheit. Es ist unklar, wer an wen berichtet, wer wofür zuständig ist, und wer Entscheidungen fällt. Viele Einsteiger sind in hierarchischen Strukturen besser aufgehoben, empfehlen Personalexperten.

Bei der Frage der richtigen Unternehmensstruktur gibt es keine Patentrezepte – aber viele Faktoren, die ebenso mit dem Fokus auf Wirtschafts- und Industriespionage gründlich reflektiert werden sollten.

6.2   Transparente Strukturen

Ein entscheidender Faktor ist zunächst die Transparenz von Unternehmensstrukturen. Fehlende Transparenz in der Unternehmensstruktur erschwert die Identifizierung von Fehlerquellen. Sie fördert asymmetrische Information und Kommunikation. Das kann zur Frustration der Mitarbeiter führen. Änderungen in der Aufbau- bzw. Ablauforganisation eines Unternehmens, die nicht transparent dargestellt und begründet werden, werden von den Mitarbeitern oft nicht mitgetragen. Sie fühlen sich übergangen – und könnten als Reaktion darauf aktiv oder passiv gegen das Unternehmen arbeiten.

Im eingangs angeführten Spionagefall des kärntner Unternehmens wurde der spätere Spion im Zuge einer allgemeinen Umstrukturierungsmaßnahme der Unternehmensleitung von einer Schlüsselposition auf eine für sein Empfinden minderwertigere Position versetzt. Die dadurch hervorgerufene berufliche Unzufriedenheit ist als einer der Auslöser für sein Handeln anzusehen. Im eigenen Unternehmen fehlte ihm die Wertschätzung seiner Tätigkeit bzw. seiner Fertigkeiten. Das chinesische Unternehmen brachte ihm durch bestimmte Annehmlichkeiten, wie eine eigene

Dienstwohnung und gelegentliche Gesprächstermine mit der Managementebene, vermeintlich die von ihm gewünschte Wertschätzung entgegen.

Bei der Änderung von Strukturen im Unternehmen wird oft nicht angemessen reflektiert, welche Auswirkungen diese Strukturänderungen auf die Selbstwahrnehmung – ob berechtigt oder nicht – von Mitarbeitern im Betrieb haben können.

6.3 Aufbauorganisation am Prüfstand

Ausgehend von der Darstellung der Unternehmensumwelten, ist der innere Kern des Kreises – das Unternehmen (unterteilt in seine Teilbereiche/Subsysteme) – gleich den Umwelten von einer Vielzahl von Faktoren abhängig. Unterschiedliche Managementlehren betonen die jeweiligen Vorzüge der von ihnen präferierten Aufbauorganisation. Grundsätzlich unterliegt jede organisatorische Gestaltung bestimmten Rahmenbedingungen, wie Unternehmensgröße und -alter, Personalbestand, Fertigungstechnik, der verwendeten IKT sowie den diversen Unternehmensumwelten. So kommt etwa mit Blick auf das Unternehmensalter ein Start-up mit relativ einfachen, oftmals nur informellen Strukturen aus. Größere Unternehmen bleiben hingegen de facto nur durch strukturierte Arbeitsteilung kontrollierbar und steuerbar.

Um sich bestmöglich zu schützen, ist zu klären, welche Bereiche bzw. Formen der Aufbauorganisation eines Unternehmens im Hinblick auf Wirtschafts- und Industriespionage besonders gefährdet sein könnten – und wo daher besondere Aufmerksamkeit und Anknüpfungspunkte für konkrete Schutzmaßnahmen geboten sind.

Je nach der unterschiedlichen Ausgestaltung der Gliederungstiefe[43], der Gliederungsbreite[44] sowie der Leistungsspanne[45] können unterschiedliche Modelle der Aufbauorganisation unterschieden werden, die unterschiedliche Gefährdungen durch Wirtschafts- und Industriespionage nach sich ziehen können.

---

43 Anmerkung: Darunter ist die vertikale Ausrichtung eines Unternehmens zu verstehen. Diese wird durch die Anzahl der Hierarchieebenen bestimmt.

44 Anmerkung: Sie beschreibt die horizontale Ausrichtung des Unternehmens, welche von der Leistungsspanne determiniert wird.

45 Anmerkung: Anzahl der Mitarbeiter, die einem Vorgesetzten direkt unterstellt sind. Je größer die Leistungsspanne ist, je kleiner ist im Regelfall die Gliederungstiefe.

6.4   Leitungssysteme und Gefahrenpotentiale

Die Strukturierung rangmäßiger Beziehungen kann grundsätzlich in Form eines Einliniensystems oder eines Mehrliniensystems vorgenommen werden. Das Einliniensystem stellt die Grundform eines Organisationssystems bzw. eines Leitungssystems dar: Hierarchisch untergeordnete organisatorische Einheiten erhalten Weisungen nur von jeweils (unmittelbar) übergeordneten Instanzen. Dieses System geht zurück auf das von *Fayol* geprägte Prinzip der Einheit der Auftragserteilung.[46]

Seine Vorteile liegen in der straffen Regelung der Kommunikationsbeziehungen, in der Klarheit und Übersichtlichkeit sowie in einer klaren Abgrenzung von Kompetenzen und Verantwortung. Die Nachteile des Systems bestehen u. a. in seiner Starrheit, in je nach Gliederungstiefe des Unternehmens langen und formalen Dienstwegen, in einer starken Belastung sowie in mangelnder Spezialisierung der Zwischeninstanzen und in der Möglichkeit der Informationsfilterung. Zur Verringerung der fehlenden Dynamik können zusätzlich Querverbindungen in Form der „Fayol'schen Brücke" eingesetzt werden. Damit wird die Kommunikation zwischen zwei hierarchisch nicht direkt unterstellten Stellen ermöglicht.

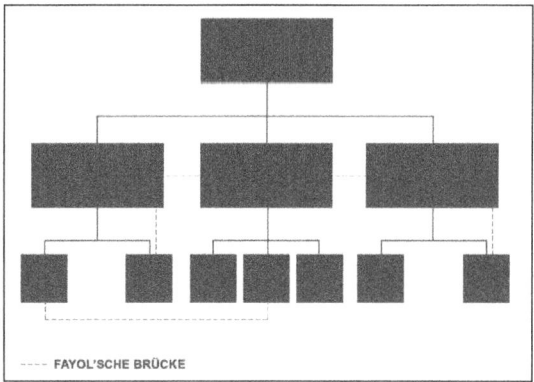

Abb. 14 Einliniensystem
© Eigene Darstellung

---

46 Vgl. Gabler Wirtschaftslexikon (2014), Stichwort: Einliniensystem.

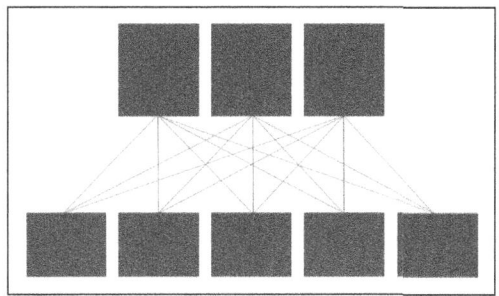

Abb. 15 Mehrliniensystem
© Eigene Darstellung

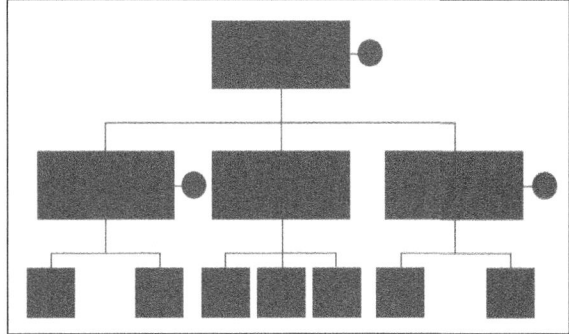

Abb. 16 Stabliniensystem
© Eigene Darstellung

Das Mehrliniensystem – wie auch das Stabliniensystem – welches auf Frederick *Winslow Taylor (1911)* zurückgeht („Werkmeisterprinzip") weist den wesentlichen Vorteil in der funktionalen Spezialisierung der Leitung auf. Es bestehen Weisungsbeziehungen zwischen jeder Organisationseinheit und deren jeweiligen Vorgesetzten. Somit wird durch die Ausrichtung auf die jeweiligen spezifischen Fähigkeiten der Personen bzw. der Organisationseinheiten der Vorteil der Spezialisierung optimal genutzt.

Mit zunehmender Unternehmensgröße verstärken sich jedoch die Nachteile dieser Organisationsform: Es kann zu Kompetenzüberschneidungen und dadurch zu Verantwortlichkeitskonflikten und Schwierigkeiten der Fehlerzurechnung kommen. Genau darin liegt ein entscheidender Anknüpfungspunkt für den ungewollten Abfluss von Unternehmens-Know-how. Einerseits wird durch mangelhaftes Management – konkret: Wissensmanagement – die Lokalisierung des „Lecks" erheblich erschwert. Andererseits wird durch fehlende Kommunikation der Zuständigkeiten bzw. der Verantwortlichkeiten der Nährboden für unterschiedliche Unternehmens-Subkulturen geschaffen. Weiters können einzelne Mitarbeiter durch mangelnde Identifikation mit ihrem Aufgabenbereich („Was ist eigentlich mein Beitrag im Gesamtunternehmen?"), hervorgerufen durch mangelnde Kommunikation seitens des Managements, Wissen zum Nachteil des Unternehmens verwerten: entweder durch Verrat und bzw. oder durch Abwanderung.

6.5   Herausforderungen für das Management

Eine Weiterentwicklung dieser Organisationssysteme sind Systeme, die nach der Arbeitsverrichtung strukturiert sind. Dabei wird unterschieden zwischen verrichtungsorientierten, objektorientierten und prozessorientierten Organisationssystemen. Bei der verrichtungsorientierten Gliederung stehen die verschiedenen Funktionsbereiche (z. B. Ein-/Verkauf, Marketing, Personal, Verwaltung) im Vordergrund. Bei der objektorientierten Gliederung sind Produkte, regionale Gesichtspunkte oder Kundengruppen und Absatzmärkte entscheidend.

Obgleich sich die im Folgenden kurz skizzierten Idealmodelle in der Praxis kaum in ihrer Reinform finden, lassen sich an den drei häufigsten Grundmodellen einer Aufbauorganisation – Funktionale, Divisionale und Matrix-Organisation – die besonderen Managementherausforderungen zum Schutz vor Wirtschafts- und Industriespionage anschaulich beschreiben.

Funktionale Organisation: Sie richtet die Aufteilung ihrer Funktionsbereiche an den Aufgaben aus und ist daher ein verrichtungsorientiertes Modell. Im Vordergrund einer derartigen Strukturierung steht die Spezialisierung der einzelnen Verrichtungen bzw. objektspezifischen Prozesse. Dadurch ist gewährleistet, dass die Aufgaben aller Teilbereiche mit der größtmöglichen fachlichen Qualifikation ausgeführt werden. Neben diesem Vorteil der hohen Spezialisierung der einzelnen Mitarbeiter innerhalb ihrer Funktionsbereiche und der exakten Arbeitsteilung sind jedoch mögliche schwerwiegende Nachteile zu nennen. So nimmt die Koordination der einzelnen Funktionsbereiche viele Leitungsressourcen in Anspruch. Es können Defizite wie der Verlust der Markt-/ Kundenbezogenheit und der Wettbewerbsfähigkeit entstehen. Insbesondere bei der Entwicklung neuer Produkte können bewusste und unbewusste Handlungen von Mitarbeitern zum Verlust von unternehmensinternem Know-how führen.

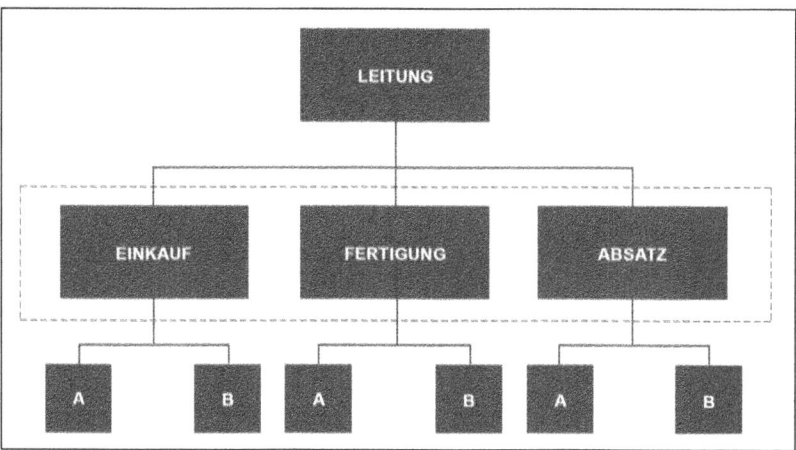

Abb. 17 Das funktionale Organisationsgrundmodell
© Eigene Darstellung

Um dies zu verhindern, sind eine gute unternehmensinterne Kommunikation bezüglich der auf das Unternehmen einwirkenden Umwelten, die gemeinsame Formulierung von diesbezüglichen (Abwehr-)Maßnahmen und eine ausreichende Identifizierung der Mitarbeiter mit diesen Zielen und Maßnahmen notwendig. Wichtig ist: Die Mitarbeiter sind aktiv in die Entwicklung dieser Maßnahmen einzubinden. Die Kommunikation nur mittels „Flurfunk" über Veränderungen in anderen Unternehmensbereichen kann zu Missverständnissen, Neid oder subjektiv empfundenen Ungerechtigkeiten sowie zu individuellen Kränkungen führen. Dies wiederum schafft oder erhöht die Bereitschaft von Mitarbeitern zu unternehmensschädigendem Verhalten.

Divisionale Organisation: Hier erfolgt auf der zweiten Ebene die Bildung nach Teilbereichen – nach objektbezogenen Einheiten wie Produktgruppen, Regionen oder Kundengruppen. Die weitere Gliederung entspricht im Normalfall jener der verrichtungsorientierten Form. Die einzelnen Divisionen verfügen über sämtliche für sie notwendigen Funktionsbereiche. Sie sind daher, obwohl sie im Rahmen des Unternehmens rechtlich unselbstständig sind, relativ autonom. Genau dadurch können sich ebenfalls Herausforderungen für den Schutz vor Wirtschafts- und Industriespionage ergeben. Die Konzentration bestimmter Unternehmensbereiche an einem Standort kann gezielte Spionageangriffen auf diesen Standort nach sich ziehen, da dort die relevanten Informationen vorhanden sind und der Angreifer als Person nicht bekannt ist. Die Einschleusung als neuer Mitarbeiter oder Praktikant ist leichter möglich. Mitarbeiter, die sich von der Zentralleitung vernachlässigt fühlen, sind bei Betriebsführungen, Vertriebskontakten oder Afterwork-Veranstaltungen in der Regel zugänglicher für persönliche Gespräche – und vielleicht auskunftsfreudiger, als sie es sein dürften.

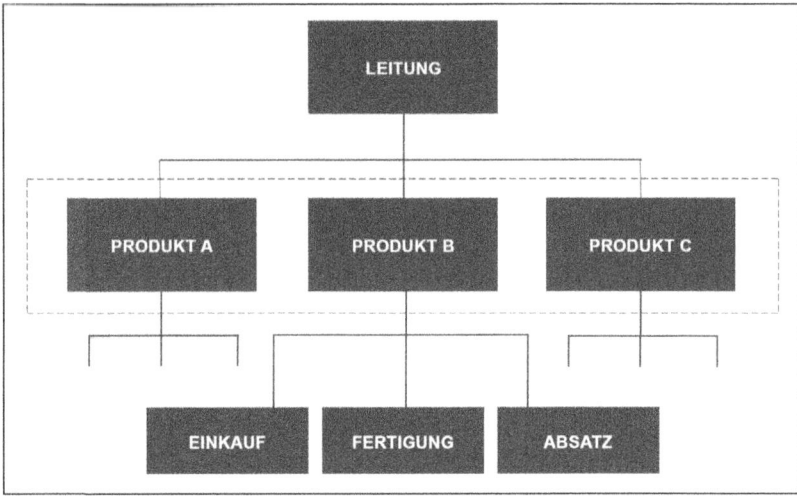

Abb. 18 Das divisionale Organisationsgrundmodell
© Eigene Darstellung

Zudem birgt diese Organisationsform das Gefährdungspotential, dass sich einige Bereiche gegenüber der Gesamtleitung isolieren und übergeordnete Ziele vernachlässigen. Dies wird dadurch begünstigt, dass Teilbereiche eines Unternehmens oftmals nur kurz- und mittelfristige Ziele verfolgen und dabei die langfristigen Ziele des Gesamtunternehmens nicht mitbedenken.

Die Autonomie einzelner Teilbereiche macht es notwendig, Neustrukturierungen bzw. Änderungen in der Aufbauorganisation sowie in der Ablauforganisation entsprechend zu kommunizieren. Hier ist der Knackpunkt, denn innerhalb des

Gesamtunternehmens sollten allen Mitgliedern dieses Systems alle relevanten Informationen und das entsprechende Unternehmenswissen in gleicher Qualität und Quantität zur Verfügung gestellt werden. Dies ist Aufgabe des Managements, denn durch Informationsasymmetrien, kann es zu Abwanderung von Unternehmens-Know-how oder Mitarbeitern kommen.

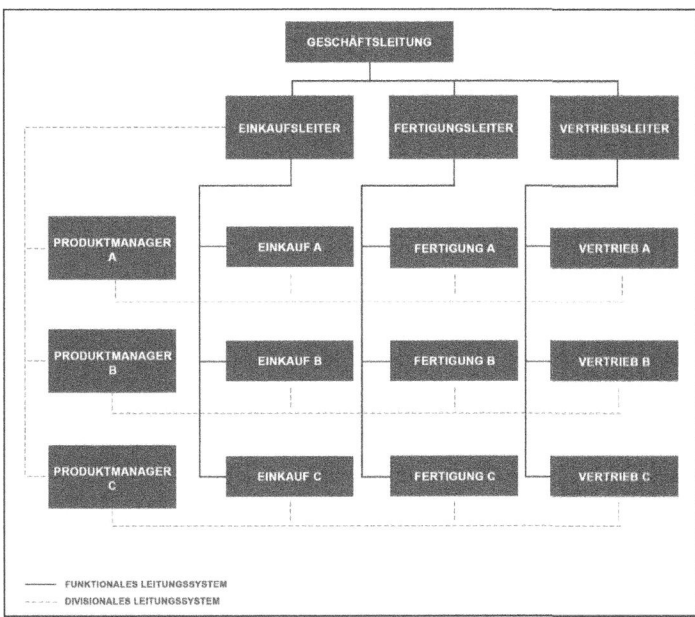

Abb. 19 Matrixorganisation
© Eigene Darstellung

Matrixorganisation: Sie kombiniert das Verrichtungs- und das Objektprinzip, wodurch eine mehrdimensionale Organisationsstruktur im Sinne eines Mehrliniensystems entsteht. Von erheblicher Bedeutung für das Funktionieren einer Matrixorganisation ist, dass insbesondere das Management in Bezug auf Kommunikations-, Kooperations- und Konfliktfähigkeit einen hohen Grad an Kompetenz aufweist. Speziell in Unternehmen, die auf dynamischen Märkten agieren bzw. ein hohes Potential für Innovationen aufweisen, kann durch den kombinierten Einsatz der verschiedenen Fachspezialisten im verrichtungsorientierten sowie im objektorientierten Bereich eine hohes Problemlösungsniveau erzielt werden.

Problematisch an dieser Form kann sich die Flexibilität bei der Neuschaffung, Auflösung oder Verlagerung von einzelnen Bereichen gestalten, da keine wesentlichen Umstrukturierungen erforderlich sind. Weiters kann die – grundsätzlich positive – Eigenschaft der hohen Konfliktlösungsfähigkeit bei Nichtkooperation der Teilbereichsmanager ein Risiko für die Sicherheit des Unternehmens darstellen: Bereichsegoismen führen dazu, dass zum Nachteil des Gesamtunternehmens agiert wird. Die Schnittstellen zwischen den einzelnen Unternehmensbereichen sind potentielle Schwachstellen in der Aufbauorganisation. Deshalb ist es wichtig, die Organisation durch geeignete Methoden und Instrumente zu ergänzen.

Oftmals verlagern sich bestimmte Teilbereiche eines Unternehmens durch Outsourcing oder der Beteiligung an Netzwerken oder Clustern von der internen Aufbaustruktur hin zu einer externen Komponente.

In einem Netzwerk erhalten die Akteure nur durch die Art ihrer Beziehung zu anderen Akteuren ihre Identität. Erst in der Beziehung zu anderen Akteuren werden ihre individuellen Merkmale für das Netzwerk relevant. Wie bereits erwähnt, verfügen Netzwerke jedoch über keine gemeinsame koordinierende Stelle bzw. Steuerungseinheit, wodurch die Wahrnehmung der Netzwerkteilnehmer – durch Externe – als organisatorische Einheit nicht gegeben und auch nicht möglich ist. Wesentliche Kennzeichen von sozialen Netzwerken, insbesondere außerhalb des Internets – sind latente Beziehungen, Potentialität und Optionen, die erst bei Bedarf in konkreten Nutzen verwandelt werden können. Dies macht soziale Netzwerke nicht beobachtbar – und nicht direkt beeinflussbar.

Ein Cluster hingegen ist keine Weiterentwicklung von Netzwerken, sondern eine bewusst von den Beteiligten gewählte Form der Erfolgssteuerung. Cluster sind autonome Strukturen, die ihre Vorteile am Markt, wie etwa Standortvorteile, Humankapitalvorteile, einem gesamten räumlichen Verbund zur Verfügung stellen. Die wirtschaftlichen Entwicklungen begünstigten, *Kondratjew*[47] folgend Clusterbildungen. Zusätzlich werden sie von Unternehmen, die sich in gesättigten Märkten positioniert haben, weiter beschleunigt: Gerade in solchen Marktsegmenten sind Wettbewerbsdruck und somit die Innovationsnotwendigkeit von Produkten dementsprechend hoch.

---

47 Vgl. (Kondratjew, 1926), S. 573-609. Anmerkung: Nokolai Kondratjew, geb. 16.03.1892, gest. 17.9.1938 war ein russischer Wirtschaftswissenschaftler, der die wirtschaftliche Entwicklung in Sinusschwingungen, die sich in rund 50 jährigen Zyklen wiederholen, darstellte.

6.6 Filter in Ablauforganisation

Die Ablauforganisation fokussiert den zeitabhängigen Verlauf bzw. Prozess des betrieblichen Geschehens im Sinn einer schlüssig aufeinander aufbauenden Vorgangsfolge. Die Ablauforganisation ist damit vor allem tätigkeitsorientiert. Sie stellt den Prozess der Nutzung organisationaler Potentiale – wie in der Aufbauorganisation beschrieben – in den Vordergrund.[48] Die Ablauforganisation legt fest, wer was wann wo und mit welchen Mitteln zu tun hat. Den Rahmen dafür bildet die festgelegte Aufbauorganisation. Durch die Ablauforganisation ist dem Mitarbeiter als „Aufgabenträger" vorgeschrieben, in welcher Art und Weise er eine Aufgabe wie und wann zu erfüllen hat. Somit werden Zuständigkeiten und Verantwortlichkeiten bei der Arbeitserbringung nicht nur in hierarchischer Hinsicht, sondern vor allem unter dem Gesichtspunkt der Kommunikationsabläufe und der unternehmensinternen Dynamik festgelegt.

Eine wichtige Rolle zum Schutz des Unternehmens spielen neben Filterfunktionen, die in die Prozesse integriert sind, die IKT-basierten Filterfunktionen. Schützen Firewalls ein Unternehmen vor externen Cyber-Angriffen, so sind interne Zugriffsbeschränkungen prinzipiell dazu geeignet, sensible Daten vor dem Zugriff unbefugter Personen zu „schützen". Gleichzeitig verhindern zu restriktive Zugriffsbefugnisse der Mitarbeiter jedoch einen effizienten Informationsfluss. Sie können zur Bildung unerwünschter Subsysteme innerhalb des Unternehmens beitragen. Aus dem Mangel an objektiv verfügbarer Information heraus schenken die Mitarbeiter informellen Systemen mehr Aufmerksamkeit und messen ihnen mehr Bedeutung bei. Dies kann eine für das Unternehmen gefährliche/negative Dynamik auslösen.

Kenntnisse über die Aufbau- und Ablauforganisation eines Unternehmens können entscheidende Faktoren für den Erfolg eines Akteurs der Wirtschafts- oder Industriespionage sein.

6.7 Schutz durch „Need-to-share"-Prinzip

Für das Management gilt somit der Grundsatz, dass das gesamte Unternehmens-Know-how schützenswert ist. Ziel muss es daher sein, das Unternehmen und seine Mitarbeiter als Ganzes zu betrachten. Das Wissen innerhalb des Unternehmens sollte zum Nutzen jedes einzelnen Mitarbeiters bestmöglich zur Verfügung gestellt werden. Das macht es erforderlich, unternehmensintern das Need-to-share-Prinzip

---

48 Vgl. Oelsnitz (2009),o. S..

zu verfolgen – und sich gegenüber den Unternehmensumwelten mittels des Need-to-know-Prinzips abzugrenzen. Dadurch entsteht ein wichtiger Membraneffekt. Dieser Schutzeffekt muss durch die Wahrnehmung der damit verbundenen Aufgaben des Managements bzw. deren Übertragung durch Schaffung des allgemeinen Bewusstseins und Verantwortlichkeit bei jedem Mitarbeiter verankert werden.

Es ist wichtig, das Need-to-share-Prinzip als Schutz vor Wirtschafts- und Industriespionage nicht nur als Frage der Unternehmenskultur (sh. nächstes Kapitel), sondern auch im Kontext der Strukturfrage zu beachten. Entsprechend den mittels der Bedürfnishierarchie nach *Maslow* beschriebenen Ebenen erscheint es nachvollziehbar, dass Mitarbeiter, die sich innerhalb eines Unternehmens als ein wichtiges Mitglied und als Wissensträger verstehen und denen seitens des Managements sowie im Rahmen der gesamten Unternehmenskultur Wertschätzung entgegengebracht wird, ein sehr geringes (bewusstes) Mobilisierungspotential für den Verrat von Unternehmens-Know-how aufweisen.

Das Need-to-share-Prinzip ist somit Voraussetzung für folgende Kernelemente des Managements im Hinblick auf den Umgang und die Wertschätzung der Mitarbeiter zum Schutz vor Wirtschafts- und Industriespionage:

- Abgrenzung zu Unternehmensumwelten
- höhere Identifizierung – Bewusstsein der Mitverantwortung
- jeder MA ist eine tragende Säule des Unternehmens
- lernende Organisation/gemeinsame Weiterentwicklung
- breites Wissen im Unternehmen
- Vertrauen in Mitarbeiter

Deshalb muss eine transparente und – soweit möglich – direkte Kommunikation innerhalb des Unternehmens bzw. zwischen den einzelnen Teilbereichen des Unternehmens auf die Minimierung von Informationsasymmetrien abzielen. Insbesondere ist darauf zu achten, dass keine unerwünschten Filterungen von Informationen und Entscheidungen des Managements – etwa durch die zweite Führungsebene – vorgenommen werden.

Die zielgerichtete Reflexion und Analyse der eigenen Strukturen liefert somit wichtige Hinweise, wo Gefahren von Wirtschafts- und Industriespionage für das eigene Unternehmen lauern können. Es gibt kein perfektes Strukturmodell, das perfekten Schutz bietet. Aber es gibt eine Vielzahl von Ansätzen, um die Stärken und Schwächen einer Organisationsform im Hinblick auf Wirtschafts- und Industriespionage ebenfalls bewerten zu können. Entscheidend ist schließlich, wie die Struktur eines Unternehmens im Alltag gelebt wird. Das wiederum ist eine Frage der Unternehmenskultur. Nur das optimale Zusammenwirken von Struktur und Kultur gewährleistet den optimalen Schutz vor Spionage.

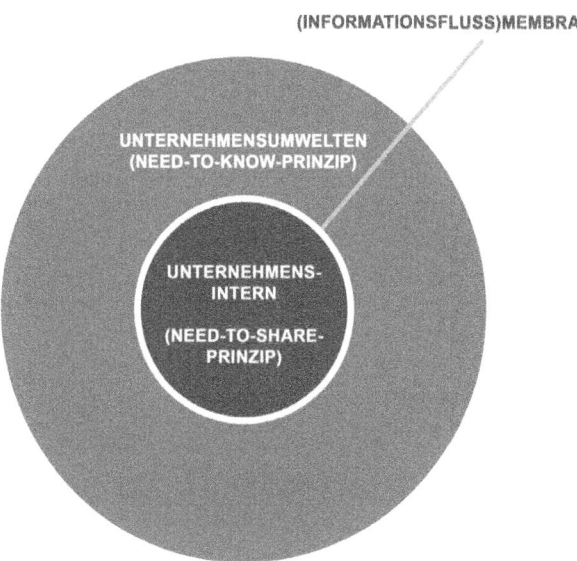

Abb. 20 Need-to-...Prinzip und (Informationsfluss)membran
© Eigene Darstellung

6.8   Exkurs Whistleblower

Der Begriff „Whistleblowing" bzw. „Whistleblower" ist nicht eindeutig herleitbar, relativ jung und wird zumeist in einem wirtschaftsrechtlichen Zusammenhang, beispielsweise im Bereich der Korruptionsbekämpfung verwendet.

Whistleblowing ist kein in der österreichischen, deutschen oder EU-Rechtsordnung definierter Begriff und stammt aus der angloamerikanischen Rechtssprache. Da der Begriff im deutschen Sprachgebrauch mitunter negativ besetzt ist, wird oftmals die neutrale Bezeichnung „Hinweisgebersystem" bevorzugt.

Das Gabler Wirtschaftslexikon bietet folgende Definition von Whistleblowing an:

„Beim Whistleblowing (von engl. „to blow the whistle", sinngemäß „etwas aufdecken",
„jemanden verpfeifen") werden Hinweise auf Missstände in Unternehmen, Hochschulen, Verwaltungen etc. gegeben. Der Whistleblower ist meist Mitarbeiter oder Kunde
und berichtet aus eigener Erfahrung. Er informiert Mittler und Medien oder direkt
die Öffentlichkeit. Dabei riskiert er Arbeitsplatz und Ruf und muss mit Disziplinar-
maßnahmen rechnen; insofern ist Whistleblowing mit Zivilcourage verbunden."[49]

Glaser/Komenda führen an, dass eine Definition des Rechtsbegriffs Whistleblowing
umfassend sein sollte, und nennen als Referenzrahmen die aus dem arbeitsrechtlichen Kontext stammende englische Definition als Vorbild. Diese Definition führt
u. a. aus, dass früher oder aktuell begangene sowie wahrscheinliche, zukünftige
Straftaten Gegenstand von Whistleblowing-Informationen sein können. Weiters
können vergangene, derzeitige oder in der Zukunft wahrscheinliche Gefährdungen
von Menschen oder Umweltschäden Gegenstand derartiger Informationen sein.[50]

In der Literatur werden grundsätzlich vier Hauptmotivatoren für Whistle-
blowing-Aktivitäten von Personen genannt:

- das Faktum einer brisanten Enthüllung
- die Motivation zur uneigennützigen Aufdeckung
- die Signalwirkung
- die Informationsweitergabe auch unter Berücksichtigung allfälliger nachteiliger
  Konsequenzen für den Hinweisgeber.[51]

Ergänzend zu diesen Motivatoren muss jedoch für die weitere Erläuterung die
Problematik bei der Begründung der Legitimität des Whistleblowings angeführt
werden. Denn einerseits gilt es als gesellschaftlich erwünscht/gewollt, dass rechtliche
Missstände aufgedeckt, abgestellt und (strafrechtlich) aufgearbeitet werden. Sohin
gilt es potentielle Whistleblower in ihrer Absicht durch die Bereitstellung bzw. Schaffung entsprechender rechtlicher Rahmenbedingungen zu deren persönlichen und
arbeitsrechtlichen Schutz, zu stärken. Andererseits wiederum, müssen die Rechte
und Interessen des (vermeintlichen) Verursachers von Missständen entsprechend
geschützt werden, da (falsche) Meldungen über Personen oder Unternehmen deren
Reputation nachhaltig schädigen und in weiterer Folge in gravierenden finanziellen
Konsequenzen resultieren können. Folglich stehen für die rechtliche Beurteilung

---

49 Springer Gabler Verlag (Herausgeber), Gabler Wirtschaftslexikon, Stichwort: Whist-
    leblowing.
50 Glaser/Komenda (2012), o. S.
51 Vgl. Waldzus (2001), S. 316.

die zwei Parameter Vorsatz des Whistleblowers, und Bewertung der Information als offenbarungswürdige Tatsache im Fokus des Interesses.

Bei der absichtlichen Verbreitung von Falschmeldungen ist eine Schutzwürdigkeit des Whistleblowers jedenfalls zu vermeiden. Gründe für ein derartiges Handeln können sein, dass der Whistleblower seine eigenen Ziele vorantreiben möchte und hierfür versucht den Ruf einer Person/eines Konkurrenten, eines Unternehmens oder eines politischen Gegners zu schädigen bzw. dessen wirtschaftliche Interessen negativ zu beeinflussen. Dieses Szenario ist ein Hauptargument der Kritiker von Whistleblowing-Systemen, welche anführen, dass derartige Systeme ein ideales Werkzeug für die Tätigung unqualifizierte Aussagen zur Schädigung des (wirtschaftlichen) Rufes von Personen, Unternehmen oder Staaten darstellen. Statistiken allerdings belegen, dass nur ein geringer Prozentsatz Whistleblower-Systeme zur Rufschädigung Anderer verwendet.

Im Gegensatz hierzu steht die Offenbarung eines aufdeckungswürdigen Umstandes durch den Whistleblower. Wichtig hierbei erscheint, dass es sich um Informationen/Tatsachen handelt welche eine gewisse Intensität erreichen die das öffentliche Interesse – das Offenbarungsbedürfnis begründen. In diesem Fall wird die volle Schutzfähigkeit des Whistleblowers bejaht, obgleich es aus arbeitsrechtlicher Sicht zu differenzieren gilt. Denn es handelt sich hier nur um einen scheinbaren Schutz für den betroffenen Arbeitnehmer, da dem Arbeitgeber nach wie vor die Möglichkeit der ordentlichen Kündigung offensteht. Diese ist nur unter Umständen als sozial ungerechtfertigt anfechtbar, etwa wenn der Whistleblower aufgrund des medialen Echos auf sein Handeln derartige negative Konsequenzen – beispielsweise die Brandmarkung als illoyale Arbeitskraft – zu befürchten hat.[52]

Diese Darstellungen markieren jeweils ein Ende einer Skala mit zahlreichen Abstufungen. So spielen die Gutgläubigkeit des Whistleblowers, die Qualität der offenbarten Informationen sowie der Vorsatz des Whistleblowers bei den unterschiedlichen Abstufungen eine entscheidende Rolle.

Anonymität des Informanten ist im Zusammenhang mit Whistleblowing ein entscheidender Faktor, da davon auszugehen ist, dass vermutete Missstände von Mitarbeitern eher kommuniziert werden, wenn sie die Gefahr hierdurch negative Folgen wie Entlassung oder Mobbing zu erfahren, als gering bzw. in Folge der Gewährleistung der Anonymität als (faktisch) ausgeschlossen einstufen. Die Praxis zeigt jedoch, dass innerbetriebliche Whistleblowing-Systeme unabhängig von der Verwendung des Einbringungsmittels (E-Mail, Telefon, Brief) die Anonymität nicht in vollem Umfang gewährleisten können. Der Ausdruck Anonymität kann hier weitergehend als „Vertraulichkeit" interpretiert werden, da im Falle der Zusicherung

---

52 Vgl. Glaser/Komenda (2012), o. S..

von Anonymität keine Daten des Informanten gespeichert werden.[53] Sohin haben sich extern – bei Behörden – angesiedelte Systeme wie beispielsweise das beim LKA Niedersachsen, beim LKA NRW sowie in Österreich beim Justizministerium (BMJ) angewandte „Business Keeper Monitoring System", etabliert.

Das „Business Keeper Monitoring System (BKMS)" ist ein ursprünglich für die Wirtschaft entwickeltes Whistleblowing System welches die uni- und bidirektionale Kommunikation zwischen dem anonym bleibenden Hinweisgeber und dem Empfänger der Nachricht gewährleistet bzw. gewährleisten soll. Das System bietet die Möglichkeit, dass der Empfänger beim Hinweisgeber zum gemeldeten Sachverhalt unter Wahrung der Anonymität des Informanten Rückfragen tätigen kann. Dadurch können mögliche „Racheakte" udgl. rasch herausgefiltert werden. Die Kommunikation erfolgt über einen anonymen, verschlüsselten elektronischen Briefkasten. Da kein Austausch der IP-Adresse oder log-in Daten/Uhrzeit aufgezeichnet werden ist ein retrograder Rückschluss auf den Hinweisgeber nicht möglich.

Literatur

Coase, Ronald H. (1988): The Firm, the Market and the Law University of Chicago Press, Chicago.

Gabler Wirtschaftslexikon (Hg.) (2014): Stichwort: Einliniensystem. siehe: http://wirtschaftslexikon.gabler.de/Definition/einliniensystem.html, Stand vom 25.03.2014.

Gabler Wirtschaftslexikon (Hg.) (2013): Stichwort: Whistleblowing, siehe: http://wirtschaftslexikon.gabler.de/Archiv/576005965/whistleblowing-v2.html, Stand vom 05.09.2013

Glaser, Severin/Komenda, Peter (2012): Whistleblowing in Österreich – Gefahren, Probleme und Lösungsmöglichkeiten. in: Journal für Rechtspolitik. Ausgabe 20 (2012). S. 207-225. Verlag Österreich.

Kondratjew, Nikolai (1926): Die langen Wellen der Konjunktur. in: Archiv für Sozialwissenschaft und Sozialpolitik. Ausgabe 56. S. 573-609.

Schneider, David (2009): Die arbeitsrechtliche Implementierung von Compliance- und Ethikrichtlinien, Verlag Nomos, Köln.

Waldzus, Dagmar (2011): Whistleblowing in Deutschland: Ungeliebtes Stiefkind des Gesetzgebers? In: Behringer, Stefan (Hg.) (2011): Compliance kompakt, Best Practice im Compliance Management, Verlag Erich Schmidt, Berlin, 2011, S. 311 – 334.

---

53   Vgl. Schneider (2009), S. 68.

Sicherheit mit Kultur 7

Die Macht der Unternehmenskultur im Zusammenhang mit Wirtschafts- und Industriespionage wird mitunter massiv unterschätzt, obgleich sie eine Schlüsselrolle spielt. Denn die besten Regulative und Strukturen nützen nichts, wenn sie im Denken und Handeln der Mitarbeiter nicht entsprechend „gelebt" werden. Es bedarf einer intensiven Auseinandersetzung mit der Frage der aktiven Mitgestaltung der Unternehmenskultur durch das Management, um hierdurch zur Sicherheit des Unternehmens vor Spionage beizutragen.

7.1 Kultur richtig verstehen

Die Betriebswirtschaft versteht unter Unternehmenskultur die Gesamtheit von Normen, Wertvorstellungen und Denkhaltungen, die das Verhalten aller Mitarbeiter und somit das Erscheinungsbild eines Unternehmens prägen.[54] Aus ethnologischer Perspektive bezeichnet „Kultur" besondere, historisch gewachsene und zu einem komplexen Ganzen verbundene Merkmale von Volksgruppen. Vorwiegend handelt es sich um Wert- und Denkmuster, einschließlich der sie vermittelnden Symbolsysteme, die im Zuge der Interaktion zwischen Individuen entstanden sind.[55] Diese Gleichrichtung bzw. Standardisierung der zugrundeliegenden Wertvorstellungen, des Denken, und des Handelns ist eine langfristige Entwicklung. Sie wird durch diverse interne und externe Einflüsse beeinflusst.

Natürlich weisen die kollektiven Handlungsmuster innerhalb eines Unternehmens – die Unternehmenskultur – einige signifikante Unterschiede zu der

---

54 Vgl. Thommen (2012), S. 953f.
55 Vgl. Schreyögg (2003), S. 448ff.

historisch gewachsenen Kultur einer Volksgruppe oder eines Staates auf. Trotzdem ermöglicht der vergleichende Zugang bei der Analyse einer Unternehmenskultur wichtige Rückschlüsse.

7.2   Kernmerkmale der Unternehmenskultur

Das Konzept der Unternehmenskultur lässt sich anhand unterschiedlicher Kernmerkmale definieren: Die Merkmal einer Unternehmenskultur sind implizit bzw. liegen als selbstverständliche Annahmen dem täglichen Handeln des Individuums und des Kollektivs zugrunde. Somit werden im Kollektiv gemeinsame Werte, Orientierungen und Handlungsmuster gepflegt. Sie prägen das Unternehmen ganzheitlich und schaffen gemeinsame Normen. Was wird gehasst, was wird geliebt, was wird angenommen, was wird abgelehnt – das ist Ausdruck und Ergebnis von Kultur.

Die drei Ebenen der Unternehmenskultur nach Schein[56] veranschaulichen die einer Unternehmenskultur innewohnende Dynamik. Die Unterscheidung in die unterbewussten Ebenen (Grundannahmen, Werte) und in die bewussten Ebene (Artefakte/Symbole) zeigt die Herausforderung Unternehmenskulturen durch gezielte Maßnahmen zu ändern. Denn zumeist ist nur die bewusste Ebene der Artefakte/Symbole Anknüpfungspunkt für Managementmaßnahmen, wohingegen die diesen Artefakten zugrundeliegenden Werte und Grundannahmen tatsächlich für das Agieren von Menschen in einem Unternehmen ausschlaggebend sind.

Historisch betrachtet ist die Unternehmenskultur das Ergebnis sich kontinuierlich weiterentwickelnder und durch die Unternehmensumwelten und Unternehmensstrukturen beeinflusster Prozess des kollektiven Lernens. Umgekehrt gilt, dass die durch den gemeinsamen Lernprozess entwickelten Handlungsmuster und die damit einhergehende Ausprägung der Unternehmenskultur auf die zukünftigen Lernprozesse einwirken.

Je nach Unternehmensstruktur können diese Lernprozesse positiv oder negativ beeinflusst werden. So können sich in einem Mehrliniensystem bereichsübergreifende Kommunikationsmöglichkeiten (Fayol'sche Brücken) – z. B. durch Projekte oder fachübergreifende Meetings – positiv auswirken. Abschottungen bzw. die Bildung von Subkulturen, die nicht selten durch Bereichsegoismen des jeweiligen Managements hervorgerufen werden, können wiederum negative Folgen für die Gesamtkultur haben. Matrixorganisationen, die durch die Ablaufprozesse eine enge

---

56   siehe hierzu: Schein (2010).

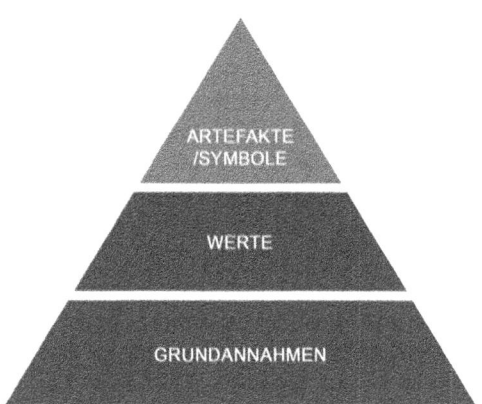

Abb. 21 Ebenen der Unternehmenskultur (Eisbergmodell)
© Eigene Darstellung

Verbindung der einzelnen Teilbereiche aufweisen, haben grundsätzlich das Potential, positive und starke bzw. homogene Unternehmenskulturen zu ermöglichen.

7.3 Größe hat Folgen

Ein entscheidender Faktor ist jedoch immer die Unternehmensgröße. Kleine (Familien-)Unternehmen weisen durch die emotionale Bindung der Mitarbeiter eine höhere Dynamik bei Veränderungen der Kultur auf. Konzernen hingegen kann es an der „Bindung" zwischen Management und Mitarbeitern der unteren Unternehmensebenen fehlen. Steigt in solch einem Fall die (subjektive) Wahrnehmung dieser Mitarbeiter, dass das Management bestrebt ist, in erster Linie die Wünsche der Aktionäre zu erfüllen und in diesem Zusammenhang bereit ist, Arbeitsplätze zu gefährden sowie Maßnahmen der Mitarbeiterförderung bzw. Mitarbeiterzufriedenheit zwecks Gewinnmaximierung zu vernachlässigen, so werden ehemals loyale Mitarbeiter vermehrt abwandern und ihre Fähigkeiten und Kenntnisse in anderen Unternehmen einbringen. Im schlimmsten Fall werden sie vor Ausscheiden aus dem Unternehmen noch bewusst Know-how auskundschaften und in ihren Besitz bringen. Im eingangs skizzierten Fall des kärntner Windkraftanlagenbau-Unternehmens sicherte der bereits freigestellte Mitarbeiter – auf Drängen des „zukünftigen" Arbeitgebers – noch hochsensible Daten auf privaten Speichermedien zur Verwertung.

7.4   Auswirkungen einer starken Unternehmenskultur

Vor diesem Hintergrund ist es für Unternehmen von großer Bedeutung, die Stärken wie Schwächen ihrer Unternehmenskultur im Hinblick auf den Schutz vor Wirtschafts- und Industriespionage klar identifizieren zu können. Ausgangspunkt für jede Analyse von Unternehmenskulturen sind die kollektiven Deutungs- und Handlungsmuster, von denen – unter Miteinbeziehung der konkreten subjektiven Intentionen eines einzelnen Mitarbeiters – auf etwaige Defizite bei der Anerkennung unterschiedlicher Bedürfnisse – speziell jenem nach sozialer Sicherheit und Wertschätzung[57] – rückgeschlossen werden kann.

Der nachfolgende Überblick über die Merkmale von starken und schwachen Kulturen stellt die positiven und negativen Wirkungen einer starken Unternehmenskultur vor. Die wichtigsten positiven Effekte einer starken bzw. homogenen Unternehmenskultur sind:[58]

- *Handlungsorientierung:* Der Mitarbeiter hat eine klare Orientierung, da die verschiedenen möglichen Sichtweisen und Interpretationen von Ereignissen und Situationen eindeutig definiert sind. Er benötigt somit weniger formale Regelungen.
- *Kommunikation:* Durch die positiven Emotionen einer starken Unternehmenskultur werden Informationen wenig verzerrt weitergegeben. Informationen können dadurch in geringerem Ausmaß verfälscht werden. Ein gut funktionierendes informelles Kommunikationsnetzwerk ermöglicht durch ein seitens des Managements erwünschtes bzw. gelebtes Need-to-share-Prinzip organisationales Lernen. Dieses wiederum erhöht die Innovationskraft und die Wertschätzung eines jeden einzelnen Mitarbeiters – und durch den Zuwachs an Wissen die Wertschöpfung des Unternehmens.
- *Entscheidungen:* Entscheidungsfindungsprozesse sind kurz, Entscheidungen über Pläne und Projekte können zügig umgesetzt werden, da sie sich auf eine breite Akzeptanz stützen. Die fest verankerten und gelebten Leitbilder dienen bei auftretenden Unklarheiten als Orientierungshilfe. Der Kontrollaufwand für das Management sinkt.
- *Mitarbeitermotivation:* Die gemeinsame Ausrichtung und die fortwährende gegenseitige Verpflichtung auf klare gemeinsame Werte des Unternehmens

---

57   Siehe hierzu: die Bedürfnispyramide nach *Maslow*.
58   Vgl. Steinmann (2005), S. 730 ff.

motivieren zu einer hohen Leistungsbereitschaft und zur Identifikation mit dem Unternehmen. Dies wird häufig ebenso nach außen offen kundgetan.[59]

- *Stabilität:* Eine starke Unternehmenskultur trägt zu Befriedigung der Bedürfnisse eines Mitarbeiters nach Sicherheit und sozialer Anerkennung bei. Dies erhöht sein Selbstvertrauen, da durch die klare Handlungsorientierung Ängste reduziert werden. Mitarbeiter eines Unternehmens mit einer starken Unternehmenskultur zeichnen sich durch geringere Fehlzeiten und weniger Motivation für einen Arbeitsplatzwechsel aus. Die Fluktuationsrate ist gering.

Diesen positiven Aspekten einer starken Unternehmenskultur stehen jedoch auch kritische bzw. negative Auswirkungen gegenüber:

Isolation: Eine starke Verinnerlichung von gemeinsamen Werten kann zu Ignoranz gegenüber Kritik und Warnsignalen führen, die zur bestehenden Unternehmenskultur in Widerspruch stehen. Isolierung führt zur Ablehnung neuer Verhaltensmuster, da bekannte Erfolgsmuster, die sich in der Vergangenheit zur Bewältigung von Problemen bewährt haben und auf den gemeinsam getragenen Werten beruhen, nicht hinterfragt werden. Deshalb werden oftmals neue Vorschläge frühzeitig abgeblockt oder später abgelehnt, wodurch organisationales Lernen sowie Innovationen verhindert werden können.

Barrieren: Sollten neue Ideen dennoch aufgegriffen werden, so erweist sich deren Umsetzung nicht selten als unmöglich. Geplante Maßnahmen werden durch die beteiligten bzw. betroffenen Mitarbeiter oder ganze Teilbereiche und Subsysteme (Arbeitsgruppen, Referate, Abteilungen, Unternehmensstandorte) durch offenen oder versteckten Widerstand umgangen.

Diese negativen Auswirkungen starker Unternehmenskulturen machen deutlich, dass diese relativ starr sind und wenig Flexibilität für Anpassungsprozesse aufweisen. Dieser Mangel an Flexibilität ist besonders dann gefährlich, wenn sich das Unternehmen in einer relativ dynamischen Branche befindet bzw. mit sich rasch ändernden Umwelten konfrontiert ist. Sollte die Anpassungsfähigkeit gegenüber externen Faktoren dauerhaft sehr gering sein, so läuft das Unternehmen trotz einer starken Unternehmenskultur Gefahr zu scheitern.

---

59 Vgl. Thommen (2012), S. 957.

7.5   Unterschied zur Unternehmensethik

Wichtig in diesem Zusammenhang ist die Unterscheidung von Unternehmenskultur und Unternehmensethik. Gerade die aktuelle Diskussion über die Bedeutung von Ethik in Wirtschaft und Gesellschaft sollte nicht zur Annahme verleiten, dass Vorschriften über ethisch korrekte Verhaltensweisen einen unmittelbaren Einfluss auf die Gefährdung des Unternehmens vor Wirtschafts- und Industriespionage durch eigene Mitarbeiter haben.

Personen begehen Wirtschaftsdelikte bzw. Delikte im Bereich Wirtschafts- und Industriespionage, da ihre Werte und Moralvorstellungen von den Grundwerten unserer Gesellschaft abweichen. Dies lässt sich durch ethische Richtlinien nicht verhindern. Dennoch kann die bestehende Unternehmenskultur bzw. deren Stärke oder Schwäche erhebliche Auswirkung auf das Verhalten der Mitarbeiter haben.

Im Falle des Hightech Unternehmens P. unterhielt der bereits entlassene Leiter der Forschungsabteilung intensiven Kontakt zu aktiven Mitarbeitern des Unternehmens, die ihm weiterhin Zugang zu sensiblem Know-how des Unternehmens lieferten. Das Unrechtsbewusstsein der zweifellos unethisch handelnden aktiven Mitarbeiter sowie die Loyalität für das Unternehmen waren nicht stark genug ausgeprägt, um die Bitte des „Freundes" nach Übermittlung sensibler Daten abzulehnen. In solchen Fällen können Schulungen, wie insbesondere Szenarientrainings, und eine starke Unternehmenskultur besser vor Wirtschafts- und Industriespionage schützen, als rein technische Barrieren.

Grundsätzlich gilt: Die von einer Unternehmenskultur vertretenen und transportierten Werte spielen für die Beurteilung der Stärke einer Unternehmenskultur keine Rolle, da sich der Unternehmenskulturansatz als wertfrei versteht. Es steht lediglich die Frage im Mittelpunkt, ob das bestehende Wertesystem für den Erfolg eines Unternehmens positiv und funktional oder negativ und dysfunktional ist. Die Unternehmensethik stellt jedenfalls auf die Beurteilung des Tuns von Individuen, Organisationen und Systemen ab, während die Unternehmenskultur das Tun beschreibt. Hieraus können wichtige Anknüpfungspunkte für die Minderung der Gefährdung durch Wirtschafts- und Industriespionage abgeleitet werden.

7.6   Einflussfaktoren auf die Unternehmenskultur

Neben den allgemeinen Unternehmensumwelten wirken weitere Kultursysteme auf die Unternehmenskultur ein. Dies beeinflusst einerseits die Stärke der Unternehmenskultur und ist andererseits ein wichtiger Ansatz für Veränderungs- und

Gestaltungsprozesse der Unternehmenskultur. Die wichtigsten Einflussfaktoren sind Land, Branche, Unternehmensstruktur, Profession und Führungsstil.

Land: Von Geburt an gehört jeder Mensch einer bestimmten Landeskultur an und wird durch diese geprägt. Die mit der Landeskultur zusammenhängenden Wertvorstellungen, die Sprache, die verwendeten Symbole sowie Handlungsmuster und mitunter ebenso Freund-Feindvorstellungen sind zumeist tief verankert und schwer veränderbar. Das Zusammentreffen verschiedener Kulturen birgt die Gefahr, dass Missverständnisse auftreten: Personen unterschiedlicher Kulturen nehmen die gleiche Situation unterschiedlich wahr und reagieren aufgrund unterschiedlicher Wertvorstellungen entsprechend anders. So gibt es Länder, deren Einwohner sehr eng mit diesen verbunden sind und sich dem Staat gegenüber verpflichtet fühlen – freiwillig oder mitunter durch leichten Druck. Das bereits erwähnte Beispiel des pakistanischen IT-Studenten, der in der Forschungsabteilung des Unternehmens C. Daten über Steuerung und Navigation von Drohnen ausgespäht haben und an den pakistanischen Geheimdienst übergeben haben soll, ist kein Einzelfall.

Die zunehmende Mobilität von Arbeitskräften – bedingt durch Internationalisierung in Bildung und Beruf – macht es erforderlich, dass die interkulturelle Kompetenz von Mitarbeitern und ganzen Unternehmen steigt. Mitunter wird in der wissenschaftlichen Literatur die Prägungskraft einer Landeskultur durch die zunehmende Herausbildung internationaler Orientierungen und dem interkulturellen Austausch ohnehin in Frage gestellt. Wenngleich dies auf das Handeln von Personen, speziell aus dem nicht europäischen Ausland nicht immer zutrifft, so bildet die Landeskultur jedenfalls eine Plattform für die (Weiter-)Entwicklung von Unternehmenskulturen.

Branche: Eine Branchenkultur basiert auf branchenspezifischen Werten und Normen. Der Sozialisationsprozess erfolgt durch das Erlernen branchentypischer Organisationspraktiken. Dabei spielen Traditionen, technologische Besonderheiten und natürlich die Art des Produkts oder der Dienstleistung der entsprechenden Branche eine zentrale Rolle.[60]

Unternehmensstruktur: Unternehmensstrukturen können die gemeinsame Unternehmenskultur fördern, oder das Entstehen von Subkulturen begünstigen. Bei allen Formen der Unternehmensstruktur sind positive oder negative Auswirkungen auf die Unternehmenskultur möglich.[61] Entscheidend ist die Gestaltung der unterschiedlichen Prozesse innerhalb der Strukturen. Somit ist nicht die Struktur der Aufbauorganisation, sondern die Gestaltung und Funktionalität der Ablauforganisation bzw. der Prozesse ein wesentlicher Faktor dafür, ob ein

---

60 Vgl. Thommen (2012), S. 960.
61 siehe hierzu: Ausführungen in Kapitel 6.

Unternehmen durch Wirtschafts- und Industriespionage gefährdet ist. In diese Prozesse kann das Management positiv eingreifen und durch Impulse für eine positive Unternehmenskultur verstärken.

Profession: Die für die Aufgabenerfüllung erforderlichen Qualifikationen sind oftmals der Grund für die Bildung von eigenen (Sub-)Kulturen innerhalb eines Unternehmens. Die in ihren Professionen verankerten Mitarbeiter können durch die Art ihrer Ausbildung und den dabei vermittelten Werten, Normen und gemeinsam Symbolen gesonderte Gemeinschaften im Unternehmen entwickeln. Ein klassisches Beispiel dafür sind technische/IT-Spezialisten sowie Juristen. Diese mitunter ungewollte Herausformung von Subkulturen kann dazu führen, dass diese Subkultur durch Eigeninteressen gelenkt wird und daher nicht im Einklang mit den Unternehmensinteressen agiert. Zudem bestehen in durch Professionen herausgebildeten Subkulturen durch ein Personalmanagement, das keine Sensibilität für individuelle Befindlichkeiten innerhalb dieser Gruppe aufweist, enorme Potentiale für Wirtschafts- und Industriespionage. Immer wieder zeigt sich, dass Täter subjektiv zu wenig Wertschätzung seitens des Unternehmens erfuhren und daher nach persönlicher Veränderung strebten. Das führt sie meist zu Konkurrenzunternehmen.

Die Möglichkeit, dass sich im Unternehmen professionsbezogene Subkulturen herausbilden, ist allerdings von der Unternehmensgröße und der Unternehmensstruktur abhängig. In einem jungen Start-up Unternehmen sind Subkulturen im Vergleich zu einem Konzern ein geringeres bzw. in der Regel nicht evidentes Problem.

Führungsstil: Der Führungsstil als Resultat der Ausgestaltung der Führungsfunktionen Planung, Entscheidung, Aufgabenübertragung und Kontrolle kann vor allem in Verbindung mit der Unternehmensstruktur enormen Einfluss auf die Unternehmenskultur ausüben. Eine verbreitete Klassifikation von verschiedenen Führungsstilen geht auf *Tannenbaum/Schmidt (1958)* [62] zurück. In ihrer Kontinuum-Theorie steht am einen Ende des Kontinuums der autoritäre und am anderen Ende der kooperative Führungsstil. Je nach Zusammenspiel von Führungsstil und Unternehmenskultur hat dies positive oder negative Auswirkungen auf die Gesamtperformance eines Unternehmens. Außer Frage steht, dass eine Unternehmenskultur nicht einfach durch Vorschriften geändert werden kann, sondern eine organisch gewachsene Lebenswelt darstellt, welche sich jedem gezielten Herstellungsprozess entzieht. Insbesondere die Interaktion und die offene Kommunikation der Führungsebene mit den Mitarbeitern beeinflusst die Unternehmenskultur und kann Wirtschafts- und Industriespionage verhindern: Missstände werden früher erkannt und es kann rechtzeitig eingegriffen werden.

---

62   siehe hierzu: Tannenbaum et. al. (1958).

7.7 Subkulturen im Unternehmen

Neben den Einflussfaktoren Land, Branche, Profession und Führungsstil sind die in einem Unternehmen existierenden Subkulturen von Relevanz für die Unternehmenskultur.

> „Subkulturen folgen im Prinzip derselben Entwicklungs- und Aufbaulogik wie (Gesamt-)Kulturen, d. h. sie zeichnen sich durch eigene Wertvorstellungen, Standards, usw. wie auch durch eine eigene Symbolik aus. Nach Voraussetzung haben sie jedoch auch einige Elemente mit der Hauptkultur gemeinsam, andernfalls wäre der Begriff Subkultur falsch gewählt. Sie sind Teil der Hauptkultur und können doch in wesentlichen Aspekten gegen diese gerichtet sein. Die Nähe oder Distanz zur Hauptkultur ist auch eine Frage der Dynamik; häufig rufen Abspaltungstendenzen scharfe Gegenreaktionen der Hauptkultur hervor, die ihrerseits nun gerade erst recht Veranlassung zu einer weiteren Abkapselung und einer Gegenhaltung geben.“[63]

Selbst starke Unternehmenskulturen verfügen, zumeist ab einer gewissen Unternehmensgröße, über einflussreiche Subkulturen. Empirische Studien dokumentieren, dass sich selbst bei Unternehmen mit mehreren Subkulturen gemeinsame, übergreifende Orientierungsmuster und Vorstellungen über die Unternehmensumwelten herausbilden, die ein Mindestmaß an Homogenität und Kohäsion sicherstellen. Ein Unternehmen kann somit eine Vielzahl von Subkulturen aufweisen, die – stärker oder schwächer – von einer Gesamtunternehmenskultur zusammengehalten bzw. überformt werden. Dies fördert starke Gesamtunternehmenskulturen.

Im Gegensatz dazu gibt es Unternehmen mit vielen, sehr unterschiedlich ausgeprägten und gegensätzlichen Subkulturen, die in der Folge nur eine schwache Gesamtunternehmenskultur zulassen. In diesem Zusammenhang kann logisch geschlossen werden, dass Unternehmen mit stark divergierenden Subkulturen, welche keine starke Gesamtkultur entwickeln können und bestimmte Mechanismen zum Schutz vor Wirtschafts- und Industriespionage nur selten angedacht, noch umgesetzt bzw. von den Mitarbeitern mitgetragen werden können, da der Wille und das Bewusstsein für das Gesamtunternehmen fehlt bzw. diese Sichtweise abgelehnt wird. Eine typische Situation ist etwa, dass die Zuständigkeit für die Informationssicherheit der IT-Abteilung eines Unternehmens zugeschrieben wird. Das Bewusstsein, dass jene Abteilungen mit unmittelbarem Kontakt zu Unternehmensumwelten – etwa Einkauf und Vertrieb – einer höheren Gefährdung ausgesetzt sind, fehlt. Hacking wird als größere Bedrohung eingeschätzt als ein Angriff von außen auf den Faktor Mensch.

---

63 Schreyögg (2003), S. 467.

7.8   Mitarbeiter in Subkulturen

Mitarbeiter sind grundsätzlich Mitglieder der Gesamtunternehmenskultur und können einer oder mehrerer Subkulturen angehören. Mit der Zugehörigkeit zu unterschiedlichen Subkulturen können Loyalitätskonflikte verbunden sein, oder Mitarbeiter streben die Mitgliedschaft bei einer speziellen Subkultur an und sind hierfür bereit Informationen weiterzugeben. Das gezielte gegenseitige Ausspielen von Subkulturen kann ebenfalls zu einem erheblichen Informationsabfluss führen.

Subkulturen entstehen durch direkte oder indirekte Interaktionen – und ursprünglich spontan. Ihre Entstehung wird jedoch durch spezielle Randbedingungen wie die Unternehmensstruktur und den Einfluss anderer Kulturen, insbesondere der Professionen begünstigt. Alter, Geschlecht, Bildung, sozioökonomisches Umfeld, Gewerkschaftszugehörigkeit und Mobilität der Mitarbeiter sind weitere Faktoren, die Einfluss auf die Entstehung von Subkulturen haben.

Oftmals bilden gemeinsame Erlebnisse den Ausgangspunkt für die Entstehung bzw. Änderung von gesamten Unternehmenskulturen. Auf der Ebene der Subkulturen ist eine stärkere Bindung an das Unternehmen möglich. Solche Erlebnisse sind z. B. das gemeinsame Überwinden einer Krise speziell beim Aufbau eines neuen Unternehmens, einer neuen Betriebsstätte oder einer neuen Abteilung. Eine andere Bezeichnung für eine solcherart entstandene Subkultur wäre „Team".

Entstehen Subkulturen durch Managemententscheidungen, beispielsweise durch von den einzelnen Mitarbeitern aus unterschiedlichen Gründen nicht mitgetragenen organisationsverändernde Maßnahmen – Umstrukturierungen, so können sie in unterschiedlichen Ausprägungen negative Auswirkungen auf das Gesamtunternehmen haben.

Welche Rolle spielen Subkulturen nun bei der Gefährdung durch Wirtschafts- und Industriespionage? Entscheidend ist das Verhältnis der Subkulturen zur Gesamtkultur. Dabei wird zwischen drei Grundtypen differenziert:[64]

- *Verstärkende Subkulturen:* Diese sind von der Hauptkultur durchdrungen, halten die Normen und Werte dieser ein und verhalten sich kulturkonform. Eine besonders starke Ausprägung sind sogenannte „enthusiastische Verstärkungsinseln", wie Vorstandsstäbe, Lehrlingswerkstätten oder Traineeprogramme.
- *Neutrale Subkulturen:* Hier ist die Bildung eines eigenständigen Orientierungssystems beobachtbar. Dieses steht der Hauptkultur neutral gegenüber. Es existiert parallel oder ergänzt die Gesamtkultur. Oftmals sind diese Subkulturen in Teilbereichen des Unternehmens anzutreffen, die eine unterstützende bzw.

---

64   Vgl. Schreyögg (2003), S. 468f.

koordinierende Tätigkeit für die anderen Teilbereiche übernehmen. Beispiele sind die Teilbereiche IKT, Ausbildung und Recht. Neutrale Subkulturen können sich leicht in Gegenkulturen verwandeln.

- *Gegenkulturen*: Sie bilden ebenfalls ein eigenständiges Orientierungsmuster aus, welches jedoch mit jenem der Gesamtkultur bewusst in Konflikt steht – sei es durch eine Enttäuschung (etwa bei Übernahmen), sei es zur Dursetzung neuer Ideen.

Die Bildung von Subkulturen kann ebenso wenig verhindert oder durch Vorgabe von Regeln gesteuert und kontrolliert werden, wie die Gesamtkultur eines Unternehmens. Entscheidend ist das Potential der einzelnen Subkultur-Typen in Bezug auf Wirtschafts- und Industriespionage „Enthusiastische Verstärkungsinseln" als Variante einer verstärkenden Subkultur haben etwa das Potential, durch die Vermittlung der Werte bzw. der Gesamtkultur des Unternehmens, die in dieser Subkultur tätigen Mitarbeiter eng an das Unternehmen zu binden und deren Loyalität zu fördern. Denkbar ist jedoch ebenfalls, dass Praktikanten, Trainees oder Lehrlinge in ihrem Enthusiasmus unternehmensfremden Personen gegenüber zu viel über ihren Arbeitgeber erzählen und so möglicherweise Informationen über Lieferanten, Kunden, verwendete Rohstoffe oder Unternehmenszahlen an die Konkurrenz fließen. Hier – wie in allen anderen Fällen – schaffen Verschwiegenheitsklauseln keine adäquate Abhilfe. Es müssen kontinuierlich bewusstseinsbildende Maßnahmen zum Schutz vor Wirtschafts- und Industriespionage durchgeführt werden, um insbesondere die unbewusste Weitergabe von sensiblen Informationen zu verhindern.

Ein anderes mögliches Szenario ist, dass Mitarbeiter bewusst die „Mitgliedschaft" in einer solchen Subkultur suchen, da hier die Dynamik hinsichtlich der unternehmensinternen Entscheidungsprozesse größer und die Vernetzung mit anderen Wissensträgern gegeben ist. Eben diese Vernetzung kann selbst nach Ausscheiden aus dem Unternehmen zur Weitergabe von Informationen genutzt werden, wie das Beispiel des österreichischen Hightech Unternehmens X. (s. o.) gezeigt hat: Obgleich der Täter nicht unmittelbar Mitglied einer verstärkenden Subkultur war, so konnte er seine ehemaligen unternehmensinternen sozialen Netzwerke nutzen, um selbst nach seinem Ausscheiden aus dem Unternehmen relevantes sensibles Know-how aus dem Unternehmen zu ziehen.

Neutrale Subkulturen bilden sich oftmals durch die Zugehörigkeit der Mitarbeiter zu bestimmten Professionen, insbesondere IKT-, Marketing- und Rechts-Abteilungen. Diese Teilbereiche eines Unternehmens besitzen selbst ein hohes Maß an relevantem Know-how bzw. haben Zugang zu anderen Teilbereichen. Sollten diese Subkulturen sehr starke Ausprägungen erlangen, ist es für das Unternehmen wichtig, dass sie nicht zu viel Einfluss anderen Teilbereichen gegenüber ausüben können. Dies erfordert gutes Management. Andernfalls wird die Herausbildung von Gegenkulturen gefördert, die zwar nicht als Kollektiv unternehmensschädigende Tätigkeiten im Bereich Wirtschafts- und Industriespionage durchführen, aber derartiges Handeln akzeptieren bzw. stillschweigend hinnehmen.

Eine eigenständige „Subkultur" ist die Afterwork-Kultur. Sie kann entweder innerhalb bestimmter Unternehmensteilbereiche, im gesamten Unternehmen oder unter Beteiligung von externen Personen gepflegt werden. Sie birgt das Potential der Verknüpfung unterschiedlicher Subkulturen und die Gefahr des unkontrollierten Informationsabflusses an interne oder externe Personen – insbesondere bei Alkoholgenuss. Die meisten Menschen wollen ihre Rolle in einem System als wichtig hervorheben, sowie errungene Erfolge mitteilen. Bei geschickter Fragetechnik ergeben sich innerhalb von wenigen Gesprächsminuten gute Anknüpfungspunkte, um vom Smalltalk zu beruflichen Themen zu wechseln und diese zu vertiefen.

7.9   Kulturen steuern

Zur Beeinflussung von Unternehmens(sub-)kulturen werden in der Praxis unterschiedliche Steuerungselemente eingesetzt. Diese Steuerungselemente sind mit Blick auf Wirtschafts- und Industriespionage von großer Bedeutung, denn je nach enthaltenen Informationen oder Zugangsmöglichkeiten, sei es mittels Technik oder Mitarbeiter, bieten diese für Akteure der Wirtschafts- und Industriespionage vielfältige Ansatzpunkte.

7.10   Steuerungsinstrument Leitbild

Bei der Umsetzung von Veränderungsprogrammen der Unternehmenskultur werden in der Regel zunächst die bestehende IST-Kultur und die angestrebte SOLL-Kultur festgeschrieben. Auf dieser Basis werden Werte, Ziele und Maßnahmen formuliert, die meist dem Bereich „Unternehmensethik" zugeordnet werden. Dies wird in einem Unternehmensleitbild komprimiert und kommuniziert – einem wichtigen Steuerungselement für Unternehmenskulturen. Die Erwartung des Managements besteht oftmals darin, dass Formulierung und Umsetzung des Leitbildes identisch sind bzw. in einem Schritt vollzogen werden. Dennoch spiegeln insbesondere die allgemein wahrnehmbaren Symbole wie eben Leitbilder, Uniformen, etc. nur die Spitze des Eisbergs einer Unternehmenskultur wider.

Unternehmenskulturen und vor allem Subkulturen sind jedoch nicht direkt änderbar. Sie können grundsätzlich nur durch zwei grundlegende Elemente geprägt werden: Es bedarf erstens des aktiven Handelns der Unternehmensführung, die formalisierten Werte, Regeln und Prozesse im Unternehmen vorzuleben, und es müssen zweitens von der Führung entsprechende Prozesse implementiert werden, durch die Impulse zur Veränderung der Unternehmenskultur in die richtige Richtung gesetzt werden. Dies ist ausschließlich durch die direkte Kommunikation der Unternehmensführung mit allen Ebenen bzw. Teilbereichen des Unternehmens in Form eines Dialogs – im Sinn eines gemeinsamen Wegs der Veränderung – möglich. Primäre Mechanismen der Veränderung nach *Schein (1958)* [65] sind:

- die systematische Auswahl und Betonung der Vorgänge, denen die Führung besondere Aufmerksamkeit zuzuwenden gedenkt,
- die Art der Reaktion bei kritischen Ereignissen und in Krisensituationen,
- die Gestaltung des Anreiz-, Beförderungs- und Statussystems sowie
- die Prinzipien bei der Auswahl neuer Mitarbeiter.

Sekundäre Mechanismen zur Transformation kultureller Werte sind vor allem

- die Organisationsstruktur,
- das Berichtswesen sowie das System festgelegter Richtlinien und Regelungen sowie
- Satzungen und Führungsgrundsätze. [66]

Beinhalten die in einem Leitbild „vorgeschriebenen" Regeln keine Regeln über den Umgang mit Informationen, im Optimalfall des „Need-to-share-Prinzips", und werden derart kommunizierte Regeln von den Mitarbeitern des Unternehmens nicht mitgetragen, so können sich Leitbildprozesse mitunter negativ auf das Unternehmen auswirken. Die Mitarbeiterzufriedenheit wurde sinken, und negative Subkulturen könnten entstehen.

7.11   Gefahren von Plattformen

Ein weiteres Steuerungselement neben dem Leitbild sind Plattformen, sei es die Website oder das Intranet des Unternehmens oder soziale Netzwerke allgemein. In

---

65   Vgl. Schein(2010), S. 220 ff.
66   Vgl. Schein (2010), S. 235ff.

diesen Plattformen können sich einerseits Mitarbeiter untereinander austauschen, andererseits präsentiert sich das Unternehmen darin nach außen.

Bei Kleinbetrieben ist selten ein Intranet eingerichtet, da hier die direkten Kommunikationsmöglichkeiten zwischen den einzelnen Teilbereichen noch gegeben sind. Jedoch sind die Mitarbeiter zunehmend via sozialer Netzwerke wie Facebook, Twitter, XING oder Whatsapp miteinander vernetzt. Sie tauschen mitunter Informationen aus, die das Unternehmen besser nicht verlassen sollten. Derart bekannt gewordene persönliche Interessen, aber vor allem „Schwächen"[67] eines Mitarbeiters können für einen Spion ein optimaler Gesprächseinstieg sein: Sollte ein externer Akteur Kenntnis über diese Informationen erlangen, so kann er diese im Rahmen des Social Engineering nutzen. Zu denken ist hier insbesondere an die „Freunde der Freunde" Funktion bei sozialen Netzwerken – d. h. die Nutzung von SOMINT.

Dies ist jedoch nur eine Variante der Bedrohung eines Unternehmens durch Wirtschafts- und Industriespionage in Zusammenhang mit (virtuellen) Plattformen. Unternehmen streben danach, sich mittels informativ gestalteter Web-Auftritte bestmöglich zu präsentieren, um ihre Marktwahrnehmung zu optimieren und ihre Absatzmöglichkeiten zu erhöhen. Neben den – die Unternehmen aufgrund rechtlicher Normen treffenden Verpflichtung zur Veröffentlichung diverser – Unternehmenskennzahlen können veröffentlichte Fotos von Mitarbeitern, Referenzen (z. B. Kunden, Zulieferer, Projekte) für Zwecke des Social Engineerings genutzt werden. Ein klassisches Beispiel: Ein „neuer" Lieferant stellt sich vor und fragt – vermeintlich für die Erstellung eines Offerts – im Zuge dieses Gesprächs diverse unternehmensinterne Daten ab. Leider erhält das Unternehmen nie ein Offert, sondern muss feststellen, dass die Konkurrenz nunmehr auf dem gleichen Qualitätslevel produzieren kann und folglich die eigene Auftragslage gefährdet ist.

Unbekannte Unternehmen sollten daher stets hinterfragt werden. Eine einfache Internetrecherche und eventuell eine Nachfrage bei Vertragspartnern schaffen Klarheit. Oftmals werden Auskunftsgespräche von Führungskräften durchgeführt – in Kleinbetrieben zumeist vom Inhaber oder Geschäftsführer. Dies macht deutlich, dass der Informationsabfluss durch den Faktor Mensch nicht ausschließlich durch – frustrierte oder unethisch handelnde – Mitarbeiter stattfindet, sondern mitunter durch Funktionsträger innerhalb des Unternehmens. Führungskräfte oder Manager verfügen durch ihre Funktion über gebündeltes unternehmensinternes Know-how. Die Sicherheit des Unternehmens-Know-hows sollte daher jedenfalls vor einem schnellen und vermeintlich lukrativen Geschäftsabschluss stehen. Dies ist eine wichtige Frage der Unternehmenskultur.

---

67 Anmerkung: Gemeint sind hier positive sowie negative Verfehlungen.

Im Gegensatz hierzu kann die Bedrohung eines Unternehmens durch Wirtschafts- und Industriespionage mittels technisch unterstützter Angriffsmethoden – TECHINT und Hacking, anders bezeichnet durch Cyberspionage, getrennt von den bisherigen Ausführungen betrachtet werden. Diese Bedrohung stellt nur eine Begehungsweise – ein Tool – dar, und steht sohin nur in mittelbaren Zusammenhang mit dem Faktor Mensch und dessen Beweggründen.

7.12   Exkurs: Hacking im technischen Bereich

In den unterschiedlichen Hacker-Kulturen (legal sowie illegal) wird unter einem Hack grundsätzlich eine verblüffend einfache, (manchmal) elegante Lösung eines nichttrivialen Problems verstanden. Diese Beschreibung lässt eine etwaige strafrechtliche Komponente, wie den § 118a öst. StGB – „Widerrechtlicher Zugriff auf ein Computersystem" oder § 202c dt. StGB – „Vorbereiten des Ausspähens und Abfangens von Daten" – die sog. „Hackerparagraphen" vollkommen außer Acht. Denn in diesem Zusammenhang bedeutet Hacking den Einbruch in Computer bzw. Computersysteme via deren Soft- oder Hardware, wobei als die bekanntesten Hacking Techniken u. a. DoS, Viren, Trojaner, Würmer sowie Keylogger und Backdoors zu nennen sind.

Die Geschichte der Hacker beginnt jedoch lange vor dem Film „Hackers" mit der damals sehr jungen Angelina Jolie aus dem Jahr 1995.

Bereits in den 50er Jahren des letzten Jahrhunderts „hackten" Studenten des renommierten MIT (Massachusetts Institute of Technology) ihre Modelleisenbahnen. In den 1960er Jahren verlagerte sich die Verwendung des Begriffs zunehmends auf die Computerprogrammierung und bezeichnete die experimentierfreudige und vorwiegend akademische Art Aufgaben kreativ und ohne Komplettumstrukturierung des Gesamten zu lösen. In der akademischen Hacking-Kultur spielte jedoch das Überwinden von Sicherheitsbarrieren eine nebensächliche Rolle, wohingegen die Phreaking-Kultur welche ihren Höhenpunkt in den 1970er Jahren erlebte als Ursprungskultur der heutigen (kriminellen) Netzwerkhacker-Kultur angesehen werden kann. Phreaking setzt sich mit der Manipulation von IKT-Netzwerken (ursprünglich Telefonverbindungen durch das Aufkommen automatischer Vermittlungsstellen bei den Telefongesellschaften) auseinander. Beim Phreaking wurde in den 1960er Jahren durch Nachahmung eines 2600-Hertz-Tons (greifbarer formuliert – durch das Pfeifen eines viergestrichenen E) die Vermittlungsstelle bezüglich der Leitungsbelegung „betrogen". Erreicht wurde diese Umgehung des

Gebührenzählers mittels einer sog. Blue Box. Entdecker war *Joe Engressia*; bekannt wurde die Methode jedoch erst durch *John T. Draper* – „Captain Crunch".

Durch die heutigen Möglichkeiten der Kommunikation mittels mobiler Geräte haben sich die Möglichkeiten von Hacking Angriffen verändert. Neben den „traditionellen" Hacks auf private Computer, Unternehmensnetzwerke oder Online-Communitys sind hier nach wie vor Angriffe auf das Kommunikationsmedium – die Verbindung – von immenser Bedeutung. Öffentliche WLAN/WiFi – Netze bieten beispielsweise ausgesprochen gute Angriffsmöglichkeiten für gezielte Angriffe auf Datenträger von Einzelpersonen. Das Checken der E-Mails im Abflugbereich des Flughafens, beim Business-Lunch oder im Frühstücksbereich eines (Seminar-) Hotels bieten Angreifern entsprechende Arbeitsbedingungen unter Wahrung ihrer Anonymität.

Die steigende Anzahl von automatisierten Angriffen auf IT-Systeme/Unternehmensnetzwerke sowie Einzelgeräten kann auf die besseren Möglichkeiten der quantitativen und qualitativen Zuordnung der Daten zu bestimmten Unternehmen sowie der „Absatzmöglichkeiten" dieser Daten an staatliche Institutionen und/ oder Konkurrenzunternehmen, zurückgeführt werden. Dies geschieht jedoch nicht ausschließlich mittels Angriffe auf gesamte Netzwerke sondern Daten einzelner Datenträger sind ebenfalls von Interesse für professionelle Hacker.

Diese professionellen jedoch destruktiven Hacker werden als Black-Hats bezeichnet. Sie handeln mit der Absicht Daten zu stehlen (Spionage) oder Zielsysteme zu beschädigen (Sabotage). Von ihnen grenzen sich die „Grey-Hats" nicht etwa durch die Legalität ihrer Handlungen, ihrem eigenen Verständnis nach jedoch aufgrund ihrer ethischen Intention ab, da sie im Regelfall ein höheres Ziel – die Aufdeckung von Datenmissbrauch oder von Sicherheitslücken – verfolgen. Prominente Beispiele hierfür sind etwa WikiLeaks, oder *Edward Snowden*, sowie die Anonymus-Bewegung oder die Occupy-Bewegung. Beiden Gruppen stehen die „White Hats" gegenüber welche ihr Humankapital erfolgreich in Unternehmen einsetzen, der akademischen Hacker-Kultur zugerechnet werden können und beispielsweise Penetrationstests für/in Unternehmen durchführen.

Wichtig ist es zu erkennen, dass der Schutz eines Unternehmens vor Wirtschafts- und Industriespionage durch einen IT-Sicherheitsverantwortlichen – einen „White-Hat", wesentlich erhöht werden kann. Das Wissen über die Intentionen, Motivatoren und Fähigkeiten von „Black- und Grey-Hats" versetzen einen Manager jedoch erst in die Lage, bereits in der Innovationsphase, in welcher die Einbindung des IT-Verantwortlichen auf den ersten Blick mitunter nur als bedingt sinnvoll erscheint, die richtigen Maßnahmen zum Schutz seines Unternehmens einzuleiten.

7.13   Kantine, Events und Unternehmenskultur

Eine starke Unternehmenskultur kann das Risiko, durch breit gestreute Unternehmensinformationen auf Websites einem Spionageangriff ausgesetzt zu sein, erheblich reduzieren. Durch die ausreichende Sensibilität aller Mitarbeiter, die gute Kommunikation und schnelle Entscheidungsfindung können Prozesse zur Identifizierung des möglichen Angriffs bzw. der Gefährdung schneller ablaufen. Weiters kann auf den Informationsfluss unter den Mitarbeitern positiver Einfluss im Sinn der Unternehmenskultur genommen werden, wenn intern das Need-to-share-Prinzip und extern – den Unternehmensumwelten gegenüber – das Need-to-know-Prinzip gelebt wird.

Weitere Steuerungselemente für die Beeinflussung der Unternehmenskultur sind spezielle Veranstaltungen sowie Räumlichkeiten, in denen verstärkt Kommunikation stattfinden kann. So sind Werkskantinen ein Ort des Zusammentreffens von Mitarbeitern unterschiedlicher Teilbereiche und möglicherweise ebenso von Subkulturen des Unternehmens. Neben dem Austausch des formellen Wissens wird hier insbesondere informelles Wissen ausgetauscht. Dies kann negative sowie positive Effekte auf die Unternehmenskultur oder die Bedrohung durch Wirtschafts- und Industriespionage haben.

Negative Effekte sind beispielsweise durch diese Kommunikation ausgelöste oder verstärkte, den Managementstrategien gegenläufige Tendenzen der Gesamtunternehmenskultur, die auf mangelnder Mitarbeiterzufriedenheit, mangelnder Kommunikation des Managements, und allgemeinen Unsicherheiten der Mitarbeiter basieren können. Bei einer grundsätzlich positiven Unternehmenskultur sind Kantinen oder unternehmensinterne Veranstaltungen jedoch ein gutes Instrument, Unternehmenskultur und Unternehmensidentität durch positive Impulse weiter zu verstärken. So kann die subjektive Verbundenheit mit dem Unternehmen erhöht und die Gefahr, durch einen Innentäter Opfer von Wirtschafts- und Industriespionage zu werden, erheblich gesenkt werden. Mitarbeiter, die sich mit ihrem Unternehmen identifizieren werden nicht bewusst zu Tätern. Sie haben ein höheres Aufmerksamkeitsniveau und eine im Regelfall höhere Sensibilität für Social Engineering.

Bei vielen Kantinen ist allerdings der Zutritt von externen Personen gestattet. Dies kann von Außentätern optimal für die Auskundschaftung von unternehmensinternem Know-how genützt werden. So können etwa einerseits direkt während des Essens Kontakte geknüpft und Informationen erfragt werden. Andererseits können „zufällige" Begegnungen in öffentlichen Verkehrsmitteln, im (vom Mitarbeiter bei der Frage nach seinen Hobbys genannten) Sportverein oder im Stammlokal inszeniert werden. Das schafft Vertrauen und ermöglicht es, eine langfristige Informationsquelle aufzubauen.

7.14   Exkurs: Kommunikationsecken in Blue Buildings

Nach den ausschließlich durch den Gedanken der Nachhaltigkeit getragenen „Green Buildings" werden diese durch Weiterentwicklungen seit einigen Jahren von „Blue Buildings" ergänzt bzw. mitunter abgelöst. Während die internationalen Green Building Konzepte vor allem auf die ökologischen Komponenten von Gebäuden abzielen, berücksichtigen Blue Buildings zusätzlich zur Ökologie auch die Ökonomie von Gebäuden. Sie vereinen einen hohen Komfort und eine optimale Nutzungsqualität, ästhetische Merkmale und flexible Nutzungsmöglichkeiten sowie klima- und ressourcenschonende Energieerzeugung und Bauweise, und zielen darauf ab, durch ihre Pay-Back Zeit von max. 15 Jahren dennoch entsprechende Erträge erwirtschaften zu können. [68]

Durch diese konzeptuellen (technischen) Merkmale von „Blue Buildings" stehen in der Praxis die in diesen Gebäuden wohnenden oder arbeitenden Menschen im Vordergrund. Gerade Bürogebäude werden so konzipiert, dass sie je nach Unternehmensstruktur sowie Unternehmenskultur eine Flexibilisierung der Arbeitserbringung in räumlicher Hinsicht begünstigen bzw. zulassen. So können durch eine Vielzahl von Besprechungsräumlichkeiten beispielsweise Projektarbeiten unkomplizierter abgewickelt werden, da deren Meeting-Organisation rascher möglich ist. Weiters können neben den Bereichen der Cafeteria und/oder der Kantine in „Blue Buildings" oftmals bewusst großzügig gestaltete Tee-/Kaffe"inseln" in den einzelnen Stockwerken oder Gebäudebereichen zur Kommunikation genützt werden.

Eben diese Kommunikationsmöglichkeiten, hierzu zählen weiters Druckerbereiche, WiFi Hotspots, oder Multimediabereiche in welchen z. B. Nachrichten oder Sportnews abrufbar sind, sowie Relax-Bereiche mit großzügigen Sitzmöglichkeiten oder Tischfußballtische, sind dazu geeignet die Zufriedenheit der Mitarbeiter positiv zu beeinflussen, da der Arbeitsplatz zum Lebensbereich wird. Wenngleich diese Bereiche der direkten Kommunikation mit Kollegen positiv zu betrachten sind, so bieten sie gleichzeitig ideale Anknüpfungspunkte für Social Engineering zum Zwecke der Wirtschafts- und Industriespionage.

Insbesondere Stockwerkdrucker bieten mehrere Gefahrenquellen für den ungewollten Abfluss von sensiblem unternehmensinternen Know-How. So verfügen diese Drucker zumeist über einen internen Datenspeicher, eine Netzwerkanbindung und mitunter über eine Internetanbindung für den Fernsupport. Neben diesen technischen Faktoren welche durch Hacking angegriffen werden können bzw. durch die Möglichkeit der Fernwartung externen Personen Zugriff auf unternehmensinterne Daten ermöglicht – somit eine Druchbrechung des Need-to-Know-Prinzips zu

---

68 Vgl. Hausladen et al.(2011), S. 138f.

den Unternehmensumwelten darstellt – ist der Faktor Mensch zu berücksichtigen. So werden Druckaufträge oftmals direkt an den Drucker gesendet und nicht unmittelbar abgeholt, oder sollte ein Druckauftrag an den Drucker gesendet werden, welcher erst durch Aktivierung am Drucker begonnen wird, so erfolgt dies zumeist ohne Festlegung eines Passwortes. In beiden Fällen ist der Zugriff von anderen (unberechtigten) Mitarbeitern oder im Extremfall unternehmensfremden Personen sehr leicht möglich. In Blue Buildings werden Druckerbereiche oftmals bewusst als Kommunikationsecken ausgebaut, um die Kommunikation der Mitarbeiter zu fördern. Ein Unternehmen mit aktivem Informationsmanagement und gelebtem Need-to-share-Prinzip kann die Gefahr, dass illoyale Mitarbeiter diese Kommunikationsecken für die persönliche Informationsgewinnung nutzen am effektivsten minimieren, da die Mitarbeiter – durch Schulungen – ein Bewusstsein für verdächtiges Interesse an bestimmten Informationen von Kollegen haben.

Bei Events mit Beteiligung externer Personen sind sehr ähnliche Gefährdungen gegeben. Darüber hinaus können Werksbesichtigungen im Rahmen von „Key Account Events" und dergleichen durch Einschleichen von fremden Personen dazu genützt werden, internes Wissen zu erlangen. Der bereits erwähnte Fall im Unternehmen P. zeigt, wie einfach es geht: Während einer Werksführung filmte und fotografierte der – dem Unternehmen P. eigentlich schon als Vertreter eines Kooperationsunternehmens bekannte – Spion C. mit einer frei erwerblichen Minikamera Produkte, Produktionsmethoden sowie verwendete Rohmaterialien, deren Produzenten ihn besonders interessierten. Der Besucher-Check des Unternehmens P. war fahrlässig erfolgt: Durch die bereits bestehenden geschäftlichen Beziehungen ging die Geschäftsleitung des Unternehmens P. von einem rein fachlichen Interesse an den Produktionsmethoden aus. Der Schutz des gesamten Unternehmens wurde durch falsche Rückschlusse gefährdet.

Ausschließlich ein gemeinsames Verständnis über das Unternehmen sowie eine Gesamtunternehmenskultur, die das Ziel des langfristigen Fortbestandes des Unternehmens trägt, können jeden einzelnen Mitarbeiter ansprechen. Durch diese teils unbewussten „Kommunikationsmittel" kann das Management in Verbindung mit entsprechendem Wissensmanagement den Schutz des Unternehmens vor Wirtschafts- und Industriespionage optimieren. Denn eine starke, homogene Unternehmenskultur unterstützt den wertschätzenden Führungsstil in einem Unternehmen und trägt Entscheidungen mit.

Literatur

Hausladen, G.; Hegger, M.; Hegner, H.D.; Lützgendorf, T.; Radermacher, F.-J.; Sedlbauer, K.; Sobek, W. (2011): Nachhaltiges Bauen: Zukunftsfähige Konzepte für Planer und Entscheider. Beuth Verlag. Berlin.

Schein, Edgar H. (2010): Organizational Culture and Leadership. 4. Auflage. . Jossey-Bass Business & Management.

Schreyögg, Georg (2003): Organisation, Grundlagen moderner Organisationsgestaltung, 4. vollständig überarbeitete Auflage, Gabler Verlag, Wiesbaden

Steinmann, Horst; Schreyögg Georg (2005): Management. Grundlagen der Unternehmensführung. Konzepte-Funktionen-Fallstudien. Gabler Verlag, 6. vollständig überarb. Auflage.

Tannenbaum, Robert; Schmidt, Warren H. (1958): How to Choose a Leadership Pattern. in: Harvard Business Review, 36/1958. S. 95-102.

Thommen, Jean-Paul; Achleitner, Ann-Kristin (2012): Allgemeine Betriebswirtschaftslehre, Umfassende Einführung aus managementorientierter Sicht. 7. vollständig überarbeitete Auflage. Springer Gabler Wiesbaden 2012

Personal(management) am Prüfstand 8

Mitarbeiter entwickeln sich aufgrund unterschiedlicher Umstände oder Anlässe, bewusst oder unbewusst zu Spionen, oder treten bereits mit entsprechenden Vorsätzen in das Unternehmen ein. Während im zweiten Fall – den „eingeschleusten" Spionen – generelle Sicherheitsüberprüfungen der Mitarbeiter bei deren Eintritt in das Unternehmen, sofern gesetzlich erlaubt und in Zusammenarbeit mit den Sicherheitsbehörden, eine adäquate und konkrete Schutzmaßnahme darstellen, bedarf es für den umfassenden Schutz eines Unternehmens weiterer Prozesse. Sicherheitsmanagement- und Personalmanagementmaßnahmen müssen entsprechend abgestimmt werden, um den Mitarbeiter als wichtigstes Schutz-Element vor dem ungewollten Informationsabfluss in einem Unternehmen entsprechend zu schulen und einzubinden.

8.1   Dimensionen von Personalmanagement

Personalmanagement umfasst den gesamten Aufgabenbereich eines Unternehmens, welcher der Steuerung menschlicher Arbeit sowie der betrieblichen Leistungserbringung durch Humanressourcen dient. Im Verlauf der wissenschaftlichen Diskussion hat die „betriebliche Personalarbeit" bereits verschiedene Analysephasen durchlaufen: von einer ursprünglich rein produktivitätsorientierten Ausrichtung über eine an Arbeitszufriedenheit und Wertschöpfung orientierten Grundhaltung bis hin zur aktuellen Diskussion über Nachhaltigkeit und Gesundheitsförderung als Schwerpunkte des Personalmanagements.

Obgleich insbesondere die neueren Konzepte bzw. deren Schlüsselbegriffe mit durchwegs positiven Aspekten der Förderung des einzelnen Mitarbeiters und der positiven (freundschaftlichen) Unternehmenskultur assoziiert werden, so lassen sich diese Konzepte in unterschiedlichen Unternehmen nur durch individuelle Lösungen und kompetentes Management umsetzen. Zudem beschränken oder ermöglichen diverse rechtliche Normen, vor allem das Arbeitsrecht, die Variantenvielfalt der unterschiedlichen Zugänge.

Persönliche Interaktion und „Verhandlungen" zwischen Management und Mitarbeitern gibt es oft nur bei den Übergängen von einer Phase eines Beschäftigungsverhältnisses in eine andere Phase. Der Stakeholder-Ansatz versteht neben Aktionären und der Öffentlichkeit, Mitarbeiter als Stakeholder eines Unternehmens: „Die am Unternehmen beteiligten Individuen und Gruppen formulieren ihre Ansprüche und versuchen sie durchzusetzen; dies gilt auch für Arbeitnehmer. Das Grundproblem besteht darin, dass viele Manager diese Ansprüche nicht erkennen oder davon ausgehen, dass die Interessenübereinstimmung sehr hoch ist und die Durchsetzung der Interessen über die Hierarchie gelingt."[69]

8.2 Personalmanagement folgt der Unternehmensstrategie

Personalmanagement oder Human Resources Management (HRM) bezeichnet die Summe der unterschiedlichen personellen Handlungsmöglichkeiten bzw. Maßnahmen zur Verwirklichung der Unternehmensziele.[70] Unternehmensziele sind abhängig von den Unternehmensressourcen und der adäquaten Strategieentwicklung zu deren Erreichung. In diesem Zusammenhang lässt sich die Identifikation und Entwicklung von Humankapitalressourcen sowie die Bestimmung ihrer Wettbewerbsfähigkeit weniger als rein operative bzw. losgelöste Maßnahme im Rahmen des Personalmanagements betrachten. Vielmehr lässt sie sich aus diesen strategischen Zusammenhängen ableiten. Strategieorientierte Ansätze des Personalmanagements können zunächst in drei Ebenen personalwirtschaftlicher Aktivitäten gegliedert werden:

- auf der strategischen Ebene werden Ziele entwickelt und Grundsatzentscheidungen formuliert,
- auf der taktischen Ebene werden Wege formuliert, wie Ressourcen im Hinblick auf strategische Ziele aktiviert werden können,
- auf der operativen Ebene erfolgen die daraus resultierenden Umsetzungsmaßnahmen.

---

69 Ridder (1999), S. 107f.
70 Gabler Wirtschaftslexikon (2013): Stichwort: Personalmanagement.

In der wissenschaftlichen Diskussion gibt es eine Vielzahl von Zugängen den Einfluss der Unternehmensstrategie auf das Personalmanagement betreffend. Allerdings erscheinen Ansätze, die sich bei ihren Untersuchungen an den Produktlebenszyklen orientieren sowie den Einfluss externer Faktoren entsprechend berücksichtigen im Zusammenhang mit der Analyse des Bedrohungspotentials eines Unternehmens durch Wirtschafts- und Industriespionage als besonders geeignet.

In den klassischen Ansätzen wird der Unternehmensstrategie der Vorrang eingeräumt und die Personalstrategie als eine abhängige Größe definiert. Bedingt durch arbeitsrechtliche Regelungen sowie nur begrenzt verfügbaren Ressourcen von entsprechend qualifizierten Arbeitskräften auf dem Arbeitsmarkt, kann jedoch eine Personalstrategie nur sehr bedingt auf kurzfristige Änderungen der Unternehmensstrategie reagieren. Umsatzrückgänge beispielsweise, können in der Regel nicht unmittelbar durch die erforderlichen Personalbestandsveränderungen begleitet werden.

In Zusammenhang mit Wirtschafts- und Industriespionage gibt es jedoch noch ein weiteres Argument, das gegen einen eindimensionalen Zusammenhang zwischen Unternehmensstrategie und Personalmanagement spricht: Aspekte der Unternehmenskultur sowie der Motivation der Mitarbeiter sind bei diesen Ansatz nicht berücksichtigt. Die ausreichende Kommunikation zwischen Management und Mitarbeitern und somit die emotionale Ebene werden durch eine rein quantitative Betrachtung von Unternehmensstrategie und Personalmanagement nicht erfasst. Dies begünstigt die Bereitschaft von Mitarbeitern, sich an anderer Stelle monetäre sowie emotionale Boni zu beschaffen. Das eingangs beschriebene Beispiel des kärntner Unternehmens demonstriert dies sehr plakativ.

8.3   Neues Paradigma: Ressourcen fördern

Ein modernes Paradigma des Personalmanagements verfolgt daher einen anderen Zugang: Der ressourcenorientierte Ansatz der Personalstrategie (*resource based view*) geht davon aus, dass Unternehmen sämtliche interne Ressourcen als Potential für ihre Wettbewerbsfähigkeit sehen und entsprechend einsetzen. Zudem wird hierdurch ein langfristiger Unternehmenserfolg wahrscheinlicher, da durch die strategische Ausrichtung der inneren Unternehmenssicht ein höheres Unabhängigkeitsniveau gegenüber den Unternehmensumwelten erzielt wird.

Der ressourcenorientierte Ansatz konzentriert sich darauf, die Stärken und Schwächen von Ressourcen zu identifizieren und ihre Stärken auszubauen. Dies umfasst ebenso die Frage in welcher Weise Personal als Quelle von Wettbewerbsfähigkeit identifiziert werden kann. So herrscht innerhalb der Lehre Einigkeit darüber, dass Fachkräfte auf der Produktionsebene und der Managementebene sowie die strategische Personalentwicklung durch adäquate (Weiter-)Bildungsangebote Wettbewerbsvorteile sichern bzw. bewirken. Die langfristige Entwicklung von Kernkompetenzen verbessert die Überlebensfähigkeit von Unternehmen.

Dieser Ansatz wird durch den demografischen Wandel begünstigt, denn die unterschiedlichen Modelle des Talentmanagements – der „War for Talents" – stellen, zum Teil bedingt durch den zunehmenden Fachkräftemangel, für immer mehr Unternehmen eine Herausforderung dar. Zumeist werden hierfür eigens konzipierte Programme jedoch nur in Großunternehmen und Konzernen eingesetzt, obschon speziell in mittelständischen (Familien-)Unternehmen nicht selten die gleichen Fragen und Probleme gegenwärtig sind.

Die Bandbreite des Talentmanagements reicht von Praktika für Schüler über die gezielte Adressierung junger Absolventen bis hin zur Entwicklung attraktiver Arbeitgebermarken („Employer Branding"). Neben diesen Aktivitäten für externe Kandidaten setzen Unternehmen vermehrt auf individuelle Entwicklungspläne, Feedbackrunden und entsprechende Informationen über Weiterbildungsangebote für unternehmensinterne Talente. Hier spielt die Wertschätzung der Mitarbeiter untereinander und vor allem seitens des Managements eine wesentliche Rolle. Wie bereits zuvor erörtert hat dies unmittelbare Auswirkungen auf die Unternehmenskultur sowie deren Subkulturen.

8.4 Weiterentwicklung und Wertschätzung

Die im Unternehmen als „High Potentials" identifizierten Mitarbeiter wollen vor allem eines: gefördert werden und Aufstiegschancen nützen können. Die Übertragung herausfordernder Aufgaben, Entsendungen ins Ausland oder individuelle Karrierepläne sind dafür wichtige Instrumente. Wesentliches Charakteristikum solcher Mitarbeiter – die natürlich nicht Newcomer im Unternehmen sein müssen, sondern oft schon Jahre aktiv sind – ist ihr Drang nach Weiterentwicklung. Wird dies möglich gemacht und richtig gesteuert, setzen sie im Ergebnis ihr persönliches Weiterentwicklungs-Engagement für das gesamte Unternehmen ein – und nicht nur für ihren persönlichen Vorteil. Es ist eine wichtige Aufgabe des Managements, diesen Mitarbeitern gegenüber nicht abweisend und „hierarchietreu" entgegenzutreten, sondern regelmäßig die direkte Kommunikation zu suchen. Kreative Mitarbeiter entwickeln z. B. oftmals neue Konzepte. Wird diesen Konzepten vom Management keine Beachtung geschenkt – sei es aus Zeitmangel oder aus dem subjektiven Empfinden eines Vorgesetzten, dass sein Mitarbeiter ihn „überholt" –, so kann dies im Extremfall zu einer fatalen Kettenreaktion führen.

Der bereits geschilderte Fall des Unternehmens X. ist dafür ein gutes Beispiel: Zum Spion wurde ein einzelner Mitarbeiter, der zunächst mit unterschiedlichen Vorschlägen an die Bereichs- bzw. Unternehmensleitung herantrat. Er fand – seiner Meinung nach – nicht ausreichend Gehör. Schlussendlich begann er, bewusst gegen das Unternehmen zu arbeiten, indem er persönlich und nach Beendigung seines Arbeitsverhältnisses mittels seiner persönlichen Kontakte zu nach wie vor im Unternehmen tätigen Mitarbeitern, Know-how aus dem Unternehmen zugunsten eines russischen Unternehmens abzog.

Er ging jedoch kein direktes Arbeitsverhältnis mit dem russischen Unternehmen ein bzw. plante ein solches – so wie etwa im Fall des Windkraftanlagenbauers, sondern erhielt eine Stiftungsprofessur am Institut für Mineralogie und Petrographie an einer Universität. Hinter dieser Stiftungsprofessur stand jedoch ein in Liechtenstein eingetragenes Konsortium an dem das russische Unternehmen beteiligt war. Brisant hierbei war, dass sich auch das Unternehmen X. dieses Labors bediente. In diesem Fall wurde die Aufgabe des Managements, Talente systematisch einzusetzen, zwar vermutlich ausreichend beachtet, allerdings die Persönlichkeit und das Geltungsbedürfnis des Mitarbeiters im Rahmen des Personaleinsatzes sowie der indirekten Kommunikation nicht entsprechend wahrgenommen.

8.5   Talentmanagement als Chefsache

Talentmanagement setzt eine Unternehmenskultur und eine Unternehmensorganisation voraus, die das gesamte Unternehmen durch die bewusste Förderung von Mitarbeitern mit besonderem Potential und besonderer Motivation nachhaltig wettbewerbsfähiger machen wollen. Talentmanagement erfordert eine langfristige Perspektive, denn entsprechend des resource based views orientiert sich die Unternehmensstrategie an der Personalstrategie und an das durch diese gebundene und steigende Humankapital jedes einzelnen Mitarbeiters sowie des gesamten Unternehmens. Die Zielsetzung lautet dahingehend, dass sich das Unternehmen Talente und Leistungsträger für die Zukunft sichert – und dies zur Managementaufgabe bzw. Chefsache erklärt. Das Management muss Anreize schaffen, damit die verborgenen Talente im Unternehmen sichtbar werden. Mitunter haben die unmittelbaren Vorgesetzten nicht die erforderliche fachliche und soziale Kompetenz, um Begabungen zu erkennen und weiterentwickeln zu können. Teils nutzen Vorgesetzte die Potentiale ihrer Mitarbeiter bloß dazu, um eigene Defizite zu übertünchen. In sogenannten „Talent Reviews", die divisionsübergreifend durchgeführt werden, können diese versteckten Talente offengelegt werden. Ein guter Geschäftsführer sollte seine wichtigsten Talente immer im Blick haben. Er soll Leistung und Potential eines Mitarbeiters bewerten – und mit ihm gemeinsam fördern und entwickeln.

Neben den klassischen Traineeprogrammen wächst für erfolgreiches Talentmanagement die Bedeutung von Mentoring-Programmen. Dies ist nicht ausschließlich auf Konzernebene wichtig, sondern insbesondere für mittelständische Unternehmen mit hoher internationaler Komponente bzw. speziellem Kundenportfolio. Internationale Konzerne verfügen über ein internationales Talentmanagement-System mit einem Talentpool von mehreren Hundert Personen. Karrierekonferenzen werden abgehalten, Studenten werden mit Stipendien und Auftragsarbeiten an das Unternehmen gebunden und interne sowie externe Berater bzw. Coachs engagiert.

Eine besondere Variante von Traineeprogrammen sind Vorstandsassistenten-programme. Ihr Ziel ist es, dass die künftigen Führungskräfte möglichst viel vom Unternehmen gesehen und sich einen Erfahrungs- und Wissensschatz angeeignet haben, der auch die Bedürfnisse der Mitarbeiter in den einzelnen Unternehmensbereichen, die informellen Prozesse und die Praxis der Unternehmenskultur umfasst. Das ist ein Gewinn für das gesamte Unternehmen und seine Wettbewerbsfähigkeit.

8.6   Angriffspunkte im Personalmanagement

Eine Unternehmensführung, die Talente und die Kommunikation zu den Mitarbeitern fördert, leistet grundsätzlich einen wichtigen Beitrag, um das Unternehmen vor Wirtschafts- und Industriespionage zu schützen. Mit Blick auf das Personalmanagement gilt es, mögliche Angriffspunkte für Wirtschafts- und Industriespionage möglichst klar zu identifizieren. Wo befinden sich die tatsächlichen Schlüsselpositionen für den Abfluss von Wissen im Unternehmen? Ist es die Managementebene, die F&E-Abteilung oder die Produktion? Welche Gefahren drohen bei Positionen im Unternehmen, die als „Brückenbauer" zwischen internen und externen Umwelten agieren? Zur Beantwortung dieser Fragen ist es notwendig, zwischen den drei Ebenen der Personalpolitik – Personalaktivierung, Personallenkung und Personalbindung – zu differenzieren.

8.7   Gefahren bei der Personalaktivierung

Der Bereich der Personalaktivierung umfasst die externe Personalbeschaffung, den internen Personaleinsatz sowie die Personalentwicklung. Im Wettbewerb um die besten Mitarbeiter wenden Unternehmen immer mehr Ressourcen für die Personalwerbung und –beschaffung auf unternehmensexternen Märkten auf. Fachschulen, Hochschulen, Messen und Förderprogramme spielen dabei eine besondere Rolle. Von Konzernen werden oftmals in Kooperation mit Stiftungen Weiterbildungen angeboten, die attraktive Rekrutierungspotentiale eröffnen.

Ein wichtiger Kontext für Rekrutierungsaktivitäten ist, dass traditionelle Arbeitsverträge und -verhältnisse – von der Lehre bis zum Ruhestand bei einem Unternehmen – heute im Prinzip der Vergangenheit angehören. Flexiblere Formen von Arbeitsverträgen mit unterschiedlich gewichteten Zeit- und Entgeltfaktoren und eine tendenziell geringere Bindung an das Unternehmen dominieren. Zudem bieten Praktika für Unternehmen günstige Chancen, qualifizierte und zu dem Unternehmen passende Mitarbeiter zu ermitteln.

Mit einem Praktikum können jedoch konkrete Bedrohungen durch Wirtschafts- und Industriespionage verbunden sein. So stand ein pakistanischer Student und ehemaliger Praktikant bei einem auf den Bau von Drohnen spezialisierten Unternehmen wegen Spionage vor Gericht. Er wurde verdächtigt, sich in der Forschungsabteilung des Unternehmens illegal an Daten über Steuerung und Navigation von Drohen bedient und diese an den pakistanischen Geheimdienst weitergegeben zu haben. Hier gilt es nachzufragen, weshalb sich der Student für ein Praktikum in diesem Unternehmen beworben hat und mittels welcher Kriterien er schlussendlich seitens der Personalabteilung ausgewählt wurde. Wurden die kulturellen Aspekte für dieses sensible Unternehmen ausreichend bei der Personalauswahl berücksichtigt?

Gleichzeitig ist klar: Obwohl die Beschäftigung von Praktikanten aus Ländern mit enger kultureller Bindung und hohem Pflichtbewusstsein gegenüber dem Herkunftsland immer ein Risiko birgt, so ist das kulturelle Humankapital dieser Mitarbeiter für ein Unternehmen und besonders im Hinblick auf die Internationalisierung der Märkte wertvoll.

Nicht zu unterschätzen ist weiters der Aspekt, dass junge und gut ausgebildete Arbeitskräfte zunehmend die Forderung mitbringen, für sich selbst „sinnstiftend" tätig zu sein. Nicht jede mit einem Arbeitsplatz verbundene Tätigkeit kann diesen hohen Anforderungen mitunter gerecht werden. Die Frustrationsschwelle sinkt.

Ein weiterer Aspekt der neuen Arbeitswelt ist die Verbreitung von Werkverträgen mit arbeitsrechtlicher Selbstständigkeit der Beschäftigten. Da es sich dabei meist um Beratungs- oder Controllingtätigkeiten handelt, haben diese „externen" Mitarbeiter Zugriff auf Daten, die grundsätzlich unternehmensintern verwahrt werden sollten. Die Geschlossenheit des Unternehmens auf Mitarbeiterebene ist durchbrochen. Unternehmen müssen sich dieser Situation bewusst sein – und entsprechende Maßnahmen treffen.

8.8   Motivationen am Prüfstand

Um das Risiko von Wirtschafts- und Industriespionage im Bereich der Personalentwicklung systematisch beurteilen zu können, liefert die ursprünglich von *Sengenberger (1987)*[71] formulierte Theorie der Arbeitsmarktsegmentation eine gute Grundlage. Diese Theorie unterscheidet drei Arbeitsmarktsegmente, denen unterschiedliche Motivationsstrukturen zugeordnet werden:

- das unspezifische Marktsegment
- das berufsfachliche Marktsegment
- das betriebsinterne Marktsegment

„Während der berufsfachliche Markt von professionsspezifischen Qualifikationen geprägt ist, die in überbetrieblichen Institutionen (Fach- und Hochschulen) erworben wurden, werden im betrieblichen Arbeitsmarkt unternehmensspezifische Qualifikationen aufgebaut, die weniger professions- als tätigkeitsspezifisch sind. Das unspezifische Segment zeichnet sich dadurch aus, dass Fachqualifikationen überhaupt nur von untergeordneter Bedeutung sind, während die Differenzierung der Arbeitskräfte vor allem über Persönlichkeitsmerkmale als Grundlage der Leistungsfähigkeit erfolgt."[72]

Im berufsfachlichen Segment stellt die Zugehörigkeit zu einer Profession die grundlegende Motivation dar. Die unmittelbare Bindung an das Unternehmen muss somit durch andere Instrumente erreicht werden, vor allem durch Anreiz- und Entgeltsysteme. Mit Blick auf die Bedürfnishierarchie nach *Maslow* bewegen sich Mitarbeiter dieses Arbeitsmarktsegments zwischen der Ebene der emotionalen Bedürfnisse (einem Defizitbedürfnis) und der Ebene der ICH-Bedürfnisse (diese zählen zu den Wachstumsbedürfnissen). Folglich kann je nach Persönlichkeit des Mitarbeiters eine höhere Bindung durch die Unternehmenskultur generiert werden – oder es werden Anreize wie Weiterbildung, Entsendung in Ausland und eine der Profession angemessene bzw. darüber hinausgehende Entlohnung vereinbart, um das Bedürfnis nach Anerkennung im Innen- und Außenverhältnis ausreichend zu

---

71   siehe hierzu: Sengenberger (1987).
72   Klimecki/Gmür (2001), S.159f.

befriedigen. Kann diese Bindung nicht erreicht werden, so droht dem Unternehmen die Abwanderung des Mitarbeiters – der Theorie der Arbeitsmarktsegmentation folgend – innerhalb der Branche. Diese Abwanderung ist oft mit einem beruflichen Aufstieg verbunden. Für das Unternehmen bedeutet sie den Abfluss von Humankapital und unternehmensspezifischen Fähigkeiten und Kenntnissen. Allerdings stellt dies zunächst nur eine natürliche Bewegung von Arbeitskräften auf dem Gesamtarbeitsmarkt dar.

Wie der eingangs beschriebene Fall des kärntner Unternehmens zeigt, kann jedoch durch die gezielte Ausnutzung dieser Motivationslagen und der nur mangelhaften Befriedigung im Unternehmen ein Mitarbeiter leichter für Spionagezwecke angeworben werden. Im diesem Spionagefall lag eine Kombination von monetären Motiven und ICH-Bedürfnissen vor: Der Mitarbeiter fühlte sich im Unternehmen ungerecht behandelt und durch eine Versetzung gedemütigt. Weder erfuhr er von seinem Arbeitgeber seinem Empfinden nach genügend Wertschätzung, noch reichte sein Einkommen für seinen Lebenswandel.

8.9 Motiv Frust

Im unspezifischen Arbeitsmarkt spielt die extrinsische Motivation eine entscheidende Rolle. Personen auf diesem Arbeitsmarkt weisen eine geringe Bindung zu einem Unternehmen auf. Ihre Perspektiven liegen meist nur im Stellenwechsel – ohne Aufstiegsoptionen – zwischen Unternehmen und Branchen. Sie sind im Rahmen von Personalaktivierungsmaßnahmen durch Entlohnung und durch Wertschätzung zu motivieren. Die notwendige Wertschätzung „im Kleinen" bezieht sich auf die Behandlung von ungelernten Mitarbeitern als Mensch – und nicht als „Arbeitskraft".

Von dieser Gruppe geht im produzierenden Bereich weniger Gefahr aus als im Dienstleistungsbereich. Im Kundenservice tätige Mitarbeiter haben beispielsweise Zugang zu Kundendatenbanken, deren Besitz für Konkurrenzunternehmen von Bedeutung ist. Das zeigt folgendes Beispiel: Herr S. war Angestellter der Supermarktkette W., wo er im Bereich Marketing für die Stammkundenpflege zuständig war. Im Zuge von Ermittlungen konnte er als Absender von E-Mails ausgeforscht werden, in denen er der Supermarktkette G. umfangreiche Kunden- und Lieferantendaten für insgesamt 200.000,- Euro angeboten hatte. S. gab an, dass er seinen Arbeitgeber, die Supermarktkette W., aus Frust am Arbeitsplatz und wegen privater Schulden schädigen wollte.

Dieses Beispiel verdeutlicht die Verantwortung des Managements – und nicht bloß des Personalmanagements – die unterschiedlichen Faktoren zu berücksichtigen, welche die Arbeitszufriedenheit und somit das Verhalten eines Mitarbeiters beeinflussen können.

Die Weitergabe von Kundendaten ist übrigens nur unter bestimmten Voraussetzungen als Verletzung von Geschäfts- und Betriebsgeheimnis einzustufen – und somit nicht zwangsläufig strafbar. Die Schädigung für das Unternehmen war im konkreten Fall aber gegeben, da durch die Kenntnis von Kundenvorlieben im Einkaufsverhalten gezielte Marketingvorgänge zu einer Kundenwanderung zugunsten der Supermarktkette G. führen konnten. Außerdem könnten mithilfe der Lieferantendaten bessere Einkaufskonditionen generiert werden.

8.10   Wollen, Können und Dürfen

Damit ein Unternehmen eine Position mit der bestgeeigneten Person besetzen kann, sind bestimmte Voraussetzungen zu erfüllen. Es handelt sich dabei um die Bereitschaft des Mitarbeiters („das Wollen"), seine Fähigkeit zur Anpassung („das Können") sowie um die Ausgestaltung der Aufbau- und Ablauforganisation und der vom Management gelebten Werte („das Dürfen"). „Das Können" ist als Frage des Humankapitals im Kontext von Wirtschafts- und Industriespionage ein Faktor, der weniger ins Gewicht fällt. „Das Wollen" und „das Dürfen" tun dies sehr wohl.

Die Bereitschaft zur Anpassung – „das Wollen" – hängt wesentlich von den organisationalen Anreiz- und Entgeltsystemen ab. Außerdem sind das soziale Umfeld und die persönliche Identifikationsstruktur entscheidend. Je nach Ausprägung der Identifikation des Mitarbeiters mit seiner Arbeitsaufgabe, dem Arbeitsumfeld bzw. der unternehmensinternen Kultur und dem Unternehmen selbst, besteht für ein Unternehmen eine höhere oder geringere Gefährdung, durch den Mitarbeiter Opfer von Wirtschafts- und Industriespionage zu werden.

Verunsicherung bei Mitarbeitern wirkt sich nicht nur auf der individuellen Ebene aus. Sie senkt die Loyalität gegenüber dem Unternehmen. Die individuelle Motivation richtet sich grundsätzlich auf persönliche Chancen aus. Glaubt die betroffene Person, die verunsichernde Situation – etwa einen Stellenwechsel – bewältigen zu können und wird sie vom Management dabei aktiv unterstützt – etwa durch aktuelle Informationen –, so wird sich dies positiv auf die eigene Bewältigungsstrategie auswirken. So haben sich bereits *Lazarus* und *Folkman (erstmals 1984)*[73] mit der individuellen Bewältigung von Unsicherheit – insbesondere im organisationalen Zusammenhang – beschäftigt, und stellten fest, dass neben der Bewertung der

---

73   siehe hierzu: Lazarus/Folkman (1984).

Situation sowie der Unterteilung in Situationsfaktoren und Persönlichkeitsfaktoren und der zur Verfügung stehenden Ressourcen die Vorhersehbarkeit und die Kontrollierbarkeit eine wesentliche Rolle für den Prozess des „Copings" darstellen. Für das Unternehmen ist dabei wichtig, dem Mitarbeiter einen gewissen Handlungsspielraum zuzustehen, der ihm das Gefühl von Situationskontrolle vermittelt.

Ist dies nicht der Fall und werden die Entscheidungen des Managements nicht ausreichend kommuniziert, so kann Widerstand entstehen. Dies hat zunächst Konsequenzen für das Wertschöpfungspotential eines Unternehmens. Betrifft es jedoch einen Mitarbeiter, der sich nunmehr ausschließlich auf seine Chancen konzentriert und ein gewisses Maß an krimineller Energie aufweist, so ist der vorsätzliche Abfluss von unternehmensinternem Know-how sehr wahrscheinlich.

„Das Dürfen" – die Möglichkeit zur Anpassung – wird durch die Rahmenbedingungen Arbeitszeit und Arbeitsorganisation vorgegeben. Gutes Management trachtet grundsätzlich nach einer klugen Kombination möglicher Arbeitszeitmodelle und Arbeitsorganisationskonzepte, um Wissen innerhalb des Unternehmens zu vermehren. Dies unter kostenökonomischen Ressourcen- und Mitarbeitereinsatz und dennoch imstande zu sein, den Kundenwünschen entsprechen zu können. Die Möglichkeiten der Arbeitsorganisationsgestaltung reichen von den bereits angesprochenen Traineeprogrammen bzw. Förderprogrammen für High Potentials über die traditionellen Variationen des Job Enlargement, des Job Enrichment, der Job Rotation sowie der teilautonomen Arbeitsgruppen.

Während bei Job Enlargement eine Vergrößerung der Arbeitsaufgaben auf vertikaler Ebene (vor- und nachgelagerte Arbeitsschritte werden ebenfalls übernommen) stattfindet, so werden beim Job Enrichment dem bereits überantworteten Arbeitsbereich mehrere vom Aufbau her gleichartige Tätigkeiten angefügt. Anders ausgedrückt erfolgt beim Job Enlargement eine Erweiterung des Tätigkeitsspielraums und beim Job Enrichment eine Vergrößerung des Entscheidungsspielraums. Das Konzept der teilautonomen Arbeitsgruppen wurde insbesondere durch die Einführung dieser Arbeitsgestaltung in dem Volvo Werk in Kalmar bekannt. Hierbei übernimmt eine Kleingruppe eine komplexe Aufgabe und verfügt weitgehend über die Entscheidungs- und Kontrollkompetenz, wodurch eine Erhöhung der Arbeitszufriedenheit sowie eine hohe intrinsische Motivation erreicht werden kann.

Die arbeitsvertragliche Gestaltung ist für die Prävention von Wirtschafts- und Industriespionage ebenfalls von Bedeutung. Praktikanten oder Werkvertragsnehmer stellen, wie bereits gezeigt, eine Herausforderung dar. Sicherheitsüberprüfungen, Verschwiegenheitsklauseln in Arbeits- und Werkverträgen und vor allem Maßnahmen zur Bindung an das Unternehmen reduzieren dessen Risiko, Opfer von Wirtschafts- und Industriespionage zu werden.

8.11   Nachvollziehbare Personalentwicklung

Die Personalentwicklung ist das dritte Teilelement der Personalaktivierung. Sie zielt darauf ab, unternehmensinternes Humankapital im Interesse des Unternehmens weiterzuentwickeln. Ein Unternehmen kann als Organisation nur dann lernen und sich weiterentwickeln, wenn durch Maßnahmen der Personalentwicklung die individuellen Qualifikationen und Motivationen der Mitarbeiter entsprechend gefördert werden.

Abb. 22 Personalentwicklung vs. Organisationales Lernen
© Eigene Darstellung: in Anlehnung an Klimecki/Gmür (2001), S. 205.

Organisationales Lernen ist eine Veränderung vorherrschender Handlungstheorien („theories in use") in einer Organisation. „Handlungstheorien sind Deutungs- und Wertmuster, welche die Organisationsmitglieder teilen, indem sie sie in gleicher Weise in ihrer Tätigkeit anwenden."[74] Lernen findet statt, wenn in einer Organisation ein Bewusstsein darüber entstanden ist, dass sich die externen Umwelten für das Unternehmen geändert haben, und diesen neuen /geänderten Herausforderungen mit den bestehenden Handlungsprogrammen nicht mehr begegnet werden kann. Eine Grundvoraussetzung für organisationales Lernen ist jedoch, dass adäquate

---

74   Klimecki/Gmür (2001), S. 204.

Maßnahmen der Personalentwicklung ergriffen werden, um die individuellen Qualifikationen und Motivationen entsprechend zu fördern.

On-the-Job-Konzepte wie beispielsweise Mentoring, Coaching, Projektarbeit, Job enlargement oder Job rotation haben eine Gemeinsamkeit: Mitarbeiter unterschiedlicher Unternehmensbereiche werden zur Bewältigung einer Arbeitsaufgabe herangezogen, wobei bewusst Lernimpulse gesetzt werden, die der einzelne Mitarbeiter für die Steigerung seines Humankapitals und somit seiner Karrierechancen nutzen kann.

Ob für ein Unternehmen in diesem Bereich Gefahren durch Wirtschafts- und Industriespionage bestehen, hängt von der Nachvollziehbarkeit der Managemententscheidungen im Bereich Personalentwicklung ab. Mitarbeiter dürfen sich nicht übergangen fühlen. Ihre Angaben im Rahmen von Mitarbeitergesprächen oder die direkte Kontaktaufnahme mit Vorgesetzten mit dem Anliegen einer persönlichen Veränderung bzw. Weiterbildung sollten daher grundsätzlich ein Feedback durch das Management erfahren.

8.12   Gefahren bei der Personallenkung

Der Bereich Personallenkung umfasst die Personalauswahl, die Personalbeurteilung, die Entgelt- und Anreizgestaltung sowie die – mit Blick auf Wirtschafts- und Industriespionage besonders kritische – Personalfreisetzung. Die Lenkungsfunktion erfolgt anhand bestimmter Parameter und Leistungskriterien. Ziel ist die Optimierung des Personals durch die fortlaufende Steuerung von Motivationen und Qualifikationen.

Qualifikationen spielen bereits bei der Personalauswahl eine entscheidende Rolle. Sie müssen mit Blick auf die Spionagegefahr um die Faktoren Werte, Loyalität, „Stabilität in der Lebensführung" und Integrität ergänzt werden. Neben den Kriterien Qualifikation und Sozialkompetenz muss vom Personalverantwortlichen vor allem die Motivation für die Tätigkeit im Unternehmen kritisch hinterfragt werden. Neben den klassischen Instrumentarien, wie Bewerbungsunterlagen, Interviews, Leistungstests bzw. Assessment Centers sollten jedenfalls Recherchen in den sozialen Medien sowie gegebenenfalls Sicherheitsüberprüfungen[75] genutzt

---

75   Anmerkung: In Österreich ist gem. § 55ff SPG eine Sicherheitsüberprüfung die Abklärung der Vertrauenswürdigkeit eines Menschen anhand personenbezogener Daten, die Aufschluss darüber geben, ob Anhaltspunkt dafür bestehen, dass er gefährliche Angriffe begehen werde. Die Sicherheitsüberprüfung bezieht jene personenbezogenen Daten ein,

werden. In der einschlägigen Literatur werden oftmals Lücken im Lebenslauf mit Auslandsaufenthalten oder sogar mit einer nachrichtendienstlichen Komponente – d. h., dass der Lebenslauf selbst nicht der Realität entspricht sondern eine sog. Legende ist – in Verbindung gebracht. Es kann jedoch davon ausgegangen werden, dass insbesondere „geschönte" Lebensläufe keine Lücken aufweisen werden. Zudem können etwaige Lücken im Rahmen eines Interviews leicht hinterfragt werden und bestimmte Lebensabschnitte wie ausgedehnte Reisen, Zusatzausbildungen, etc. können eine ausgesprochen positive Sozialkompetenz und kulturelle Kompetenz bei einem potentiellen neuen Mitarbeiter bedeuten.

8.13   „Kleber-Effekt" bei Personalbeurteilungen

Bei einem aufrechten Beschäftigungsverhältnis ist zur Optimierung des Personaleinsatzes, etwaiger Weiterbildungsmaßnahmen sowie der individuellen Anpassung der Anreizsysteme eine regelmäßige Personalbeurteilung sinnvoll. Der verhaltensbezogene Ansatz stellt dabei das gegenwärtige Verhalten (Zufriedenheit, Pünktlichkeit, Zuverlässigkeit) des Mitarbeiters in den Mittelpunkt. So kann das Unternehmen auf das Motivationspotential des Mitarbeiters Einfluss nehmen. Neben der Methode der Beurteilung durch den unmittelbar Vorgesetzten fließen in die moderne Personalentwicklung zunehmend Modelle der Selbst- und Gruppenbeurteilung ein.

In Zusammenhang mit Wirtschafts- und Industriespionage können Fehlerquellen bei der Mitarbeiterbeurteilung eine große Rolle spielen. Fehleinschätzungen führen zu unpassenden Maßnahmen und damit zu Unzufriedenheit bzw. Frustration beim betroffenen Mitarbeiter. Er sucht in der Folge nach alternativen „Anerkennungsmöglichkeiten" oder will sich „rächen". So können beispielsweise Serienfehler wie der „Kleber-Effekt" – er bezeichnet die systematische Unterschätzung einer Person, die länger nicht befördert wurde – dazu führen, dass dieser Mitarbeiter für Abwerbungsversuche empfänglich ist. Zu klären ist natürlich, ob es sich tatsächlich um einen Beurteilungsfehler handelt, oder ob sich ein Mitarbeiter nur aufgrund seiner eigenen subjektiven Einschätzung übergangen fühlt. Dies war beim Unternehmen X. der Fall.

---

die die Sicherheitsbehörden in Vollziehung von Bundes- oder Landesgesetzen ermittelt haben; darüber hinaus dürfen Daten durch Anfragen an andere Behörden oder sonst ermittelt werden, wenn der Betroffene eine Funktion inne hat oder anstrebt, mit der ein Zugang zu geheimer Information verbunden ist. siehe Merkblatt des .BVT.

Der entscheidende Faktor bei der Personalbeurteilung ist die Motivation des einzelnen Mitarbeiters: Welchen Handlungsantrieb hat ein Mitarbeiter? Welche individuellen Bedürfnisse sind wie stark gewichtet? Können sie in der aktuellen Konstellation Mitarbeiter – Arbeitszufriedenheit – Unternehmen tatsächlich abgedeckt werden? Individuelle Faktoren wie das eigene Selbstwertgefühl, gemachte Erfahrungen, die tatsächlichen Fähigkeiten und Fertigkeiten sowie das persönliche Anspruchsniveau wirken sich wesentlich auf die Zufriedenheit des Mitarbeiters bzw. die Gestaltungsmöglichkeiten der Anreizsysteme von Unternehmensseite aus.

Nicht alles kann über monetäre Werte gesteuert werden. Wie bereits im Kapitel zum Thema Unternehmenskultur aufgezeigt, spielen die sozialen Kontakte innerhalb des Unternehmens eine entscheidende Rolle für die Mitarbeiterzufriedenheit. Ebenfalls relevant sind die persönlichen Freiräume bei der Arbeits(zeit)gestaltung, das Bedürfnis nach Arbeitsplatzsicherheit und Anerkennung – oftmals durch Statussymbole und Abgrenzung zu den Kollegen – sowie die individuellen Weiterentwicklungsmöglichkeiten.

8.14 Personalfreisetzung als Spionage-Treiber

Personalfreisetzung bezeichnet Maßnahmen zur Verringerung der Mitarbeiterzahl eines Unternehmens. Damit wird ein bestehendes Ungleichgewicht von Personalbestand und Personalbedarf verringert. Der Abbau von Personalüberkapazitäten bedeutet aber nicht automatisch die Kündigung von Mitarbeitern. Überkapazitäten können nur vorrübergehend bestehen und durch verdeckte Freisetzungen wie Abbau von Überstunden, Kurzarbeit, Umwandlung von Vollzeit- auf Teilzeitarbeitsplätze, unternehmensinterne Versetzungen oder Betrauung mit Scheinaufgaben abgebaut werden. Maßnahmen zur Reduktion der Gesamtbelegschaft sind das Nichtersetzen des natürlichen Abganges (durch Fluktuation, Pensionierung) oder die Förderung des freiwilligen Ausscheidens durch Abfindungsangebote ("Golden Handshake") und Entlassungen bzw. die klassische Kündigung.[76]

Der Erfahrung zeigt, dass bei Versetzungen oder Freisetzungen oftmals die Schadensminimierung durch Andersverwendung eine Rolle spielt: Der betreffende Mitarbeiter wird von Wertschöpfungsprozessen entfernt, denen er mehr Schaden als Nutzen zufügt.

Untersuchungen dokumentieren, dass Zufriedenheit und Commitment der im Unternehmen verbleibenden Mitarbeiter sowie der freigesetzten Mitarbeiter

---

76 Vgl. Gabler Wirtschaftslexikon (2013), Stichwort: Personalfreisetzung.

wesentlich von der Kommunikation der Trennungsentscheidungen abhängen. Speziell bei konjunkturbedingten Freisetzungsmaßnahmen sollten die Chancen zur künftigen Reaktivierung der Mitarbeiter gewahrt werden. Dies kann z. B. durch Wiedereinstellungsvereinbarungen oder durch die Umwandlung von Dienst- in Werkverträge erfolgen.

Die negativen Effekte auf die verbliebenen Mitarbeiter können durch mangelnde Kommunikation der Entscheidungsgründe, durch persönliche Beziehungen zu den freigesetzten Kollegen sowie durch das subjektive Empfinden, dass die Freisetzungsentscheidungen unfair getroffen wurden, wesentlich verstärkt werden. Dies wirkt sich auf die Loyalität der restlichen Belegschaft negativ aus und erhöht die Fluktuation.

Bei Personalfreistellungsmaßnahmen ist es Aufgabe des Managements, gemeinsam mit der Personalabteilung Maßnahmen zu ergreifen, damit Mitarbeiter rasch wieder in den Prozess der Arbeitssuche eintreten und ein – soweit möglich – positives Empfinden dem Unternehmen gegenüber haben. Freigesetzte Mitarbeiter sollten aus zwei Gründen bei der Trennung begleitet werden: Zum einen, um sicherzustellen, dass sie ihre Arbeitsaufgaben ordnungsgemäß übergeben und emotional mit der Tätigkeit abschließen können. Zum anderen muss mit Blick auf Wirtschafts- und Industriespionage darauf geachtet werden, dass Mitarbeiter – während der Phase persönlicher Frustration – keine unternehmensinternen Informationen oder Daten entwenden.

In der Freisetzungsphase ist es ratsam, neben den technischen Möglichkeiten der Zugriffsbeschränkung auf unternehmensinterne Daten (z. B. Sperren des Benutzerkontos auf die unbedingt erforderlichen Anwendungen, Löschen alter Archive, Rückforderung aller überlassenen Arbeitsunterlagen und Behelfe, wie Laptop, Handy/Smartphone, USB-Stick, UMTS-Stick, Kamera) oder der Zutrittsbeschränkung auf bestimmte Unternehmensbereiche ergänzende Sensibilisierungsgespräche mit den Betroffenen und der Restbelegschaft zu führen. In Unternehmen werden „Bring your own device" (BYOD) Regelungen immer beliebter. Fraglich ist, wie hierauf im Zusammenhang mit der Arbeitstätigkeit des Mitarbeiters gespeicherte Daten, beim Ausscheiden dieses Mitarbeiters zu behandeln sind. Die Bereitstellung entsprechender Geräte ist in Bezug auf Wirtschafts- und Industriespionage langfristig mit Sicherheit der geringere finanzielle Aufwand.

8.15   Bindung durch Information

Personalmanagement, das präventiv gegen Wirtschafts- und Industriespionage wirkt, ist stets eine Frage der Kommunikation von Zielen und Ergebnissen. Im Rahmen des strategischen Personalmanagements kommt dem Controlling als Mittel zur fortlaufenden sowie abschließenden Erfolgskontrolle eine wichtige Rolle zu. Auf dieser Basis getroffene Maßnahmen nehmen direkt auf die Motivationen und Qualifikationen Einfluss. Nur durch eine laufende Anpassung an die sich ändernden internen und externen Umwelten kann die Erreichung der Personalmanagement-Ziele gewährleistet werden. Dies hat wiederum Auswirkungen auf die Gesamtunternehmensstrategie.

Werden diese Informationen bzw. Ergebnisse – neben den operativen unternehmensinternen Informationen – nach dem Need-to-share Prinzip allen Mitarbeitern auf allen Unternehmensebenen bedarfsgerecht kommuniziert, so werden Unternehmensentscheidungen besser von den Mitarbeitern mitgetragen.

Erst durch die Vernetzung mehrerer Informationen kann Wissen entstehen. Diese Informationen werden im Gedächtnis gespeichert und zu Erfahrungsmustern zusammengefügt welche unser Handeln bestimmten.[77] Spiegeln die verfügbaren Informationen innerhalb eines Unternehmens einen für den Einzelnen nachvollziehbaren nach dem allgemeinen Unternehmensziel ausgerichteten Entscheidungsprozess wider, so stoßen die Maßnahmen nicht auf Widerstand, sondern auf Akzeptanz. Die Beteiligung der Mitarbeiter schafft Zufriedenheit und führt im Regelfall durch gezieltes Management und kommunizierte Wertschätzung zu einer starken Bindung an das Unternehmen – fernab jedweder festgeschriebener und eingerahmter Leitbilder. Das erhöht die Loyalität, stärkt das Unternehmen – verstärkt den Membraneffekt – und bietet sohin mehr Schutz vor Wirtschafts- und Industriespionage.

---

77 Vgl. Probst et al. (1997), S. 35f.

Literatur

Gabler Wirtschaftslexikon (Hg.) (2013): Stichwort: Personalmanagement, siehe: http://
    wirtschaftslexikon.gabler.de/Archiv/57340/personalmanagement-v7.html, Stand vom
    03.09.2013.
Gabler Wirtschaftslexikon (Hg.) (2013): Stichwort: Personalfreisetzung, siehe: http://wirt-
    schaftslexikon.gabler.de/Archiv/85631/personalfreisetzung-v7.html, Stand vom 03.11.2013.
Klimecki, Rüdiger; Gmür, Markus (2001): Personalmanagement. 2. Auflage, UTB, Stuttgart.
Lazarus, Richard S.; Folkman, Susan (1984): Stress, Appraisal, and Coping. Springer Pub.
    Sowie weitere Publikationen zu dem transaktionalen Stressmodell von Lazarus.
Probst, Gilbert; Raub, Steffen; Romhardt, Kai (1997): Wissen managen: Wie Unternehmen
    ihre wertvollste Ressource optimal nutzen. Gabler Verlag. Berlin.
Ridder, Hans-Gerd (1999): Personalwirtschaftslehre. Kohlhammer, Stuttgart Berlin Köln.
Sengenberger, Werner (1987): Struktur und Funktionsweise von Arbeitsmärkten. Die
    Bundesrepublik Deutschland im internationalen Vergleich. Campus Verlag, Frankfurt.

Schlüssel für Schutz und Sicherheit 9

Die starre Festschreibung von Handlungsempfehlungen oder „goldenen Regeln"
ist weder im Management-Alltag empfehlenswert und praktikabel, noch ist sie es
im Hinblick auf die Erhöhung der Sicherheit des Unternehmens vor Wirtschafts-
und Industriespionage.

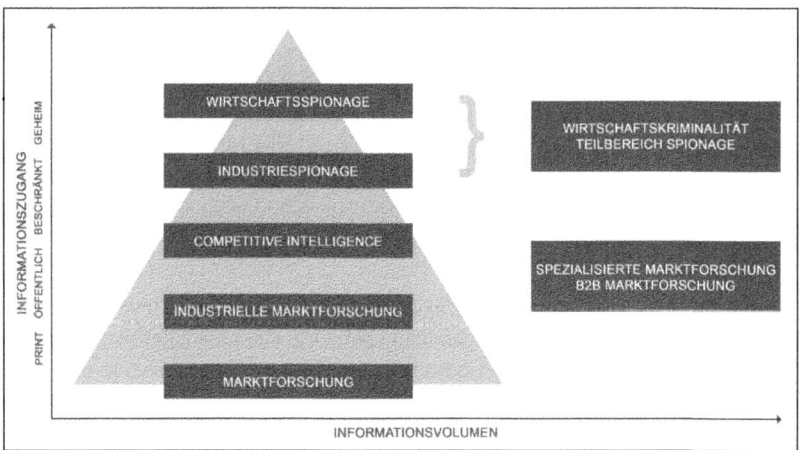

Abb. 23 Die Spionagepyramide

© Eigene Darstellung

Die Spionagepyramide[78] hat klar gezeigt, worin die Unterschiede zwischen Marktforschung, Competitive Intelligence und Wirtschafts- und Industriespionage liegen:

- Erstere dienen Unternehmen zur gezielten Sammlung und Analyse sowie Interpretation von Daten und Informationen über die für sie relevanten Märkte und der Marktbeeinflussungsmöglichkeiten. Durch die so gewonnen Informationen können so gezielte Marketingentscheidungen bzw. Unternehmensentscheidungen getroffen werden.
- Im Gegensatz hierzu verfolgen die Akteure der Wirtschafts- und Industriespionage durch eine bewusste Überschreitung der Grenzen der legalen Informationsbeschaffung – der unbefugten Aneignung und Verwertung von unternehmensinternem Wissen – das Ziel der Stärkung der eigenen Position zuungunsten des ausgespähten Unternehmens.

Maßnahmen für mehr Sicherheit erfordern vor diesem Hintergrund einen integrierten Ansatz, der die „Schutzhülle" des Unternehmens – den Membraneffekt – verstärkt und den Umgang mit unternehmensrelevantem Wissen regelt. Folgende Bereiche und Faktoren spielen dabei eine Schlüsselrolle:

Bewusstseinsbildung forcieren: Ein Unternehmen mit einem klaren Verständnis über die eigenen sensiblen Bereiche und Informationen und dem Bewusstsein darüber, dass selbst offen verfügbare Informationen durch entsprechende Analyse einem Konkurrenten gewisse Vorteile auf dem Markt verschaffen können, ist in der Lage, entsprechende Regeln und Maßnahmen im Unternehmen zu entwickeln, um das Risiko eines ungewollten Informationsabflusses zu minimieren.

Sensible Bereiche identifizieren: Abhängig von den identifizierten Schwachstellen im Unternehmen wie beispielsweise den baulichen Gegebenheiten, der nicht optimal geschützten IT sowie den nicht ausreichend geschulten Mitarbeitern können mit diesem Wissen über die tatsächlichen Geschäfts- und Betriebsgeheimnisse die weitere Vorgehensweise bzw. die zu treffenden Maßnahmen festgelegt werden. Die Spionagepyramide kann bei der Identifizierung der Geschäfts- und Betriebsgeheimnisse hilfreich sein, da sie indirekt (aus Sicht des Externen) die Verfügbarkeit und das tatsächliche Informationsvolumen darstellt.

Wissensorganisation und Gesamtkultur stärken: Aus ökonomischer Sicht sollte ein Unternehmen über einen gewissen Grad an Grundschutz insbesondere der

---

78 siehe hierzu: Ausführungen in Kapitel 2.

baulichen und der technischen Komponenten verfügen, und für die (aktuellen) Geschäfts- und Betriebsgeheimnisse besondere Schutzmaßnahmen bzw. Regeln bereitstellen. Obwohl das diesbezügliche Kosten-Nutzen Verhältnis für jedes Unternehmen individuell bestimmt werden muss, so ist jedenfalls zwischen Investitionen in technische/IT-Komponenten und Mitarbeiter-Schulungen abzuwägen. Denn ein hundertprozentiger Schutz für alle unternehmensinternen Informationen kann nicht gewährleistet werden – und sollte zudem aus kaufmännischer Sicht nicht das Ziel eines Informationsschutzkonzeptes sein.

Das Modell der lernenden Organisation hilft hier weiter: Ziel des Prozesses des organisationalen Lernens ist die Weiterentwicklung der organisationalen Wissensbasis sowie die Aufrechterhaltung bzw. Verbesserung der Lernfähigkeit der Organisation selbst.

Für den Schutz vor Wirtschafts- und Industriespionage ist nicht nur der Mitarbeiter bzw. alle Organisationsmitglieder auf der individuellen Ebene der Träger dieses Wissens, sondern das organisationale Lernen tritt darüber hinaus als kollektives Phänomen auf. Das neu erworbene Wissen auf der individuellen Ebene wird in den unternehmensinternen Umwelten, den organisationalen Subsystemen, wie der Struktur (Programme, Handbücher) und der Kultur (Werte, Normen, Artefakte) gespeichert.

Mitarbeiter schulen: Insbesondere in der Unternehmenskultur bzw. deren Subkulturen tragen vom Management gezielt initiierte Schulungsmaßnahmen zu einer Vergrößerung der gemeinsamen Schnittmenge der einzelnen Subkulturen bei. Dadurch wird die Gesamtkultur des Unternehmens gestärkt. Geschulte Mitarbeiter die in die Kommunikationsprozesse innerhalb des Unternehmens entsprechend ihrer Position ausreichend eingebunden sind, stellen die wirksamste Barriere für Akteure der Wirtschafts- und Industriespionage dar.

Umwelten analysieren: Eine Analyse der Unternehmens-Prozesse unter Berücksichtigung der Erläuterungen zu den internen und externen Umwelten muss am Anfang der Entwicklung eines Schutzkonzeptes stehen. Ausgehend vom segmentierten Umwelt-Modell nach *Lawrence/Lorsch*[79] wird das Unternehmen in interne und externe Umwelten unterteilt. Ein Membraneffekt entsteht durch die unterschiedliche Vorgehensweise bezüglich des Informations-/Wissensmanagements.

---

79 siehe hierzu: Lawrence/Lorsch (1967).

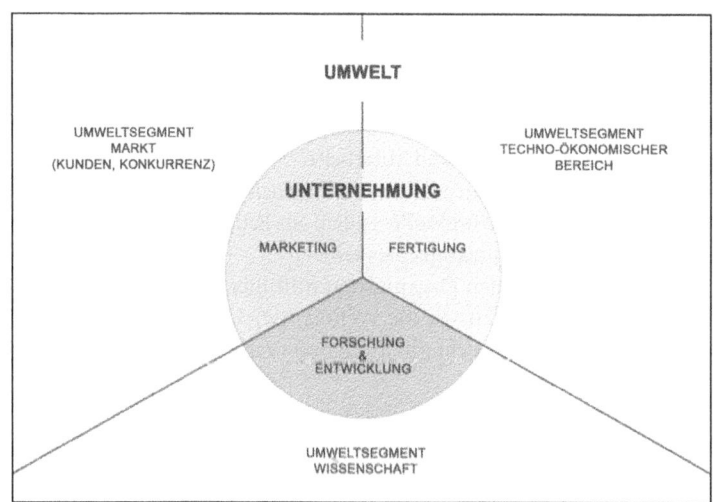

Abb. 24 Segmentiertes Umweltmodell nach Lawrence/Lorsch
© Eigene Darstellung: in Anlehnung an Schreyögg (2003), S. 336

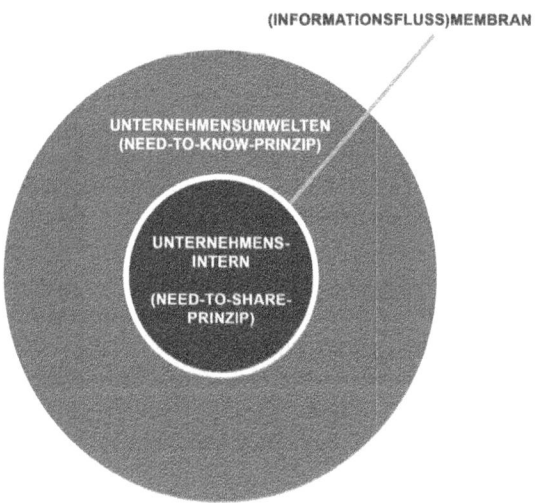

Abb. 25 Need-to-...Prinzip und (Informationsfluss)membran
© Eigene Darstellung

Need-to-Know-Prinzip umsetzen: Gegenüber den externen Unternehmensumwelten sollte das Need-to-Know-Prinzip verfolgt werden, das dem jeweiligen Gegenüber entsprechend angepasst wird. Viele Informationen über das Unternehmen müssen ohnedies aufgrund zahlreicher gesetzlicher und/oder vertraglicher Verpflichtungen bzw. zu Zwecken des Wettbewerbs und des Marketings preisgegeben werden.

Bereits in der langfristigen Unternehmensstrategie sollten diese Veröffentlichungs-/Offenlegungspflichten Berücksichtigung finden, und entsprechende Schutzkonzepte erarbeitet werden.

Prozesse definieren: Entsprechend der identifizierten externen Umwelten müssen Prozesse festgelegt werden, welche Informationen für diese unterschiedlichen Gegenüber zur Verfügung gestellt werden sollen. Externe Dienstleister nehmen hier eine doppelte Sonderrolle ein. Zum einen gibt es die Servicedienstleiser im Bereich der Sekundärprozesse wie dem Facilitymanagement (Facility-Services wie Reinigung, Fuhrpark, Gebäudeverwaltung/-instandhaltung, Catering sowie Gerätewartung). Zum anderen gibt es die möglicherweise outgesourcte Primärleistungen wie Buchhaltung, (Personal-)Verrechnung, Kundenservice und ähnliches.

Wichtig hierbei ist die Identifizierung der möglichen Schwachstellen im Umgang mit den externen Umwelten bzw. den entsprechenden Schnittstellen. Entsprechende Basisschutzmaßnahmen einschließlich eines fundierten Stakeholder-Checks[80] sollten hier standardmäßig Anwendung finden.

Richtlinien für den Umgang mit Externen festlegen: Es ist Aufgabe des Managements, entsprechende Unternehmens-Richtlinien für den Umgang mit Externen/ betriebsfremden Personen zu formulieren und zu kommunizieren. Das Verständnis des Unternehmens und dessen Mitglieder, vom Vorstand bis zu den einfachen Angestellten und Arbeitern, als eine Einheit, ermöglicht eine gleichgerichtete Vorgehensweise im Anlassfall. So kann sich selbst bei optimalen Schutzmaßnahmen ein Vorfall von Wirtschafts- oder Industriespionage, beispielsweise durch Personen während einer Werksführung ereignen. Ist die Möglichkeit eines Spionageversuchs bei solchen Ereignissen den Mitarbeitern bewusst und wissen sie, wie sie in einem solchen Fall vorgehen müssen, so können sie entsprechend handeln und zögern nicht aus Unsicherheit.

Zögern Mitarbeiter bezüglich der richtigen Einschätzung/Interpretation der Situation sowie der mit einem Handeln verbundenen Folgen, so kann dies zu großen

---

80 Anmerkung: Gemeint ist hier die Überprüfung von Kunden, Lieferanten, externen Dienstleistern, etc mittels der zur Verfügung stehenden Informationen aus offenen Quellen.

Schäden für das Unternehmen führen. So ist beispielsweise ein gezieltes Vorgehen bei der Vorbereitung von Dienstreisen sowie bei deren Nachbereitung von enormer Relevanz. Checklisten für Dienstreisen, Messeauftritte, Werksbesichtigungen, etc. können hier gute Anhaltspunkte liefern.[81]

Need-to-share-Prinzip umsetzen: Während die Kommunikation mit externen Umwelten nach dem Need-to-Know Prinzip erfolgt, alle Unternehmensmitglieder diesbezüglich geschult sind und es adäquate und dennoch flexible Prozesse hierfür gibt, so sollte innerhalb des Unternehmens das auf dem Need-to-share-Prinzip aufbauende Paradigma „Informationen mit Mitarbeitern schützen" verfolgt werden.

Die Wachstumsbedürfnisse – wie „soziale Kontakte", „Gruppenzugehörigkeit", „Selbstverwirklichung" – jedes Menschen dessen Grundbedürfnisse größtenteils gedeckt sind, sind in der Bedürfnispyramide nach *Maslow* angeführt. Wenngleich diese Darstellung in modernen Managementmodellen nur selten gebraucht wird, so stellen speziell die von *Maslow* als „Wachstumsbedürfnisse" bezeichneten Bedürfnisse im weiteren Sinne die Basis für unterschiedliche Konzepte dar, welche die Verantwortung, die Wertschätzung und die Weiterentwicklung der Mitarbeiter in den Fokus stellen. Dies vor dem Hintergrund, dass die Ressource Mensch, in der Rolle des Mitarbeiters, die wertvollste und vielseitigste Ressource eines Unternehmens ist. Mit baulichen und technischen „Zäunen", die als Abschreckung für Akteure der Wirtschafts- und Industriespionage dienen bzw. Schutz bieten sollen, kann nur Offensichtliches abgewehrt werden. Der geschulte und informierte Mitarbeiter kann hingegen bereits schwache Signale wahrnehmen und entsprechend handeln. Er bietet den besten Schutz vor Wirtschafts- und Industriespionage.

---

81 Vgl. Schaaf (2009), S. 187ff.

Fünf Schlüssel für mehr Schutz gegen Wirtschafts- und Industriespionage

1. Es gibt keine scharfe Trennlinie zwischen Wirtschafts- und Industriespionage. Der unmittelbare Schaden eines von Ausspähung betroffenen Unternehmens ist unabhängig von dem dahinterstehenden Akteur.

2. Cyber-Spionage ist nur ein Instrument der Akteure der Wirtschafts- und Industriespionage von vielen. Der Schlüsselfaktor ist der Mensch und sein Wissen über die Verfügbarkeit von Informationen und seiner Fähigkeit der Wissensgenerierung.

3. Der Mitarbeiter als Wissensträger kann durch gutes Management zum stärksten Schutz vor Wirtschafts- und Industriespionage in einem Unternehmen werden.

4. Das Need-to-Share-Prinzip bedeutet: Informationen *mit* Mitarbeitern schützen.

5. Richtiges Management stärkt die Mitarbeiter, die Unternehmenskultur und die Sicherheit des Unternehmens vor Wirtschafts- und Industriespionage.

Literatur

Lawrence, Paul R.; Lorsch, Jay W. (1967): Differentiation and Integration in Complex Organizations. . S.1-47 in: Administrative Science Quarterly, Band 12, Ausgabe 1 – Juni, Cornell University, Ithaca USA

Schaaf, Christian (2009): Industriespionage: Der große Angriff auf den Mittelstand. Boorberg. München.

Allgemeines Literaturverzeichnis

Backhaus, Klaus; Voeth, Markus (2010): Industriegütermarketing. 9. überarbeitete Auflage. Verlag Franz Vahlen, München.

Bundesamt für Verfassungsschutz – Glossar der Verfassungsschutzbehörden (12/2009), Deutschland.

Coase, Ronald H. (1988): The Firm, the Market and the Law University of Chicago Press, Chicago.

Fantapié Altobelli, Claudia (2011): Marktforschung. Methoden – Anwendungen – Praxisbeispiele.; Auflage: 2. überarb. u. erw. Aufl, UTB, Stuttgart.

Fett, Torsten/Spiering, Christoph et. al. (2009): Handbuch Joint Venture. Verlag C.F. Wirtschaftsrecht. o. O.

FHCW/.BVT (2010): Gefahren durch Wirtschafts- und Industriespionage für die österreichische Wirtschaft. Studie 2010. Wien. downloadbar unter: www.bmi.gv.at/cms/BMI_Verfassungsschutz/wis, Stand vom 05.12.2013.

Glaser, Severin/Komenda, Peter (2012): Whistleblowing in Österreich – Gefahren, Probleme und Lösungsmöglichkeiten. in: Journal für Rechtspolitik. Ausgabe 20 (2012). S. 207-225. Verlag Österreich.

Gabler Wirtschaftslexikon (Hg.) (2013): Stichwort: Wirtschaftskriminalität, siehe: http://wirtschaftslexikon.gabler.de/Archiv/17740/wirtschaftskriminalitaet-v7.html, Stand vom 05.11.2013.

Gabler Wirtschaftslexikon (Hg.) (2013): Stichwort: Joint Venture, siehe: http://wirtschaftslexikon.gabler.de/Archiv/968/joint-venture-v10.html, Stand vom 24.07.2013

Gabler Wirtschaftslexikon (Hg.) (2014): Stichwort: Einliniensystem. siehe: http://wirtschaftslexikon.gabler.de/Definition/einliniensystem.html, Stand vom 25.03.2014.

Gabler Wirtschaftslexikon (Hg.) (2013): Stichwort: Whistleblowing, siehe: http://wirtschaftslexikon.gabler.de/Archiv/576005965/whistleblowing-v2.html, Stand vom 05.09.2013.

Gabler Wirtschaftslexikon (Hg.) (2013): Stichwort: Personalmanagement, siehe: http://wirtschaftslexikon.gabler.de/Archiv/57340/personalmanagement-v7.html, Stand vom 03.09.2013.

Gabler Wirtschaftslexikon (Hg.) (2013): Stichwort: Personalfreisetzung, siehe: http://wirtschaftslexikon.gabler.de/Archiv/85631/personalfreisetzung-v7.html, Stand vom 03.11.2013.

Hausladen, G.; Hegger, M.; Hegner, H.D.; Lützgendorf, T.; Radermacher, F.-J.; Sedlbauer, K.; Sobek, W. (2011): Nachhaltiges Bauen: Zukunftsfähige Konzepte für Planer und Entscheider. Beuth Verlag. Berlin.

Haybäck, Gerwin (2004): Das Recht am geistigen Eigentum, LexisNexis, ARD Orac Skriptum, Wien.

Klimecki, Rüdiger; Gmür, Markus (2001): Personalmanagement. 2. Auflage, UTB, Stuttgart.

Koch, Jörg (2012): Marktforschung; Grundlagen und praktische Anwendungen, 6. Auflage, Oldenbourg Verlag, München.

Kondratjew, Nikolai (1926): Die langen Wellen der Konjunktur. in: Archiv für Sozialwissenschaft und Sozialpolitik. Ausgabe 56. S. 573-609. o. O.

KPMG Studie 2012: Wirtschaftskriminalität in Deutschland 2012.

Kutschker, Michael/Schmid, Stefan (2008): Internationales Management, Springer Verlag, Oldenburg.

Lawrence, Paul R.; Lorsch, Jay W. (1967): Differentiation and Integration in Complex Organizations. . S.1-47 in: Administrative Science Quarterly, Band 12, Ausgabe 1 – Juni 1967, Cornell University, Ithaca USA

Lazarus, Richard S.; Folkman, Susan (1984): Stress, Appraisal, and Coping. Springer Pub. Sowie weitere Publikationen zu dem transaktionalen Stressmodell von Lazarus.

Lux, Christian; Peske, Thorsten (2002): Competitive Intelligence und Wirtschaftsspionage. Analyse, Praxis, Strategie. Gabler Verlag. Berlin.

Michaeli, Rainer (2006). Competitive Intelligence: Strategische Wettbewerbsvorteile erzielen durch systematische Konkurrenz-, Markt- und Technologieanalysen. Springer Verlag, Berlin.

Oelsnitz von der, Dietrich (2009): Die innovative Organisation: Eine gestaltungsorientierte Einführung. W. Kohlhammer Verlag, Stuttgart.

Petsche-Demmel, Simone (2013): Wirtschaftsspione: Feine im eigenen Unternehmen. in Wirtschaftsblatt online vom 29.03.2013. siehe: http://wirtschaftsblatt.at/home/nachrichten/recht_steuern/1381453/Wirtschaftsspione_Feinde-im-cigenen-Unternehmen, Stand vom 27.07.2013.

Probst, Gilbert; Raub, Steffen; Romhardt, Kai (1997): Wissen managen: Wie Unternehmen ihre wertvollste Ressource optimal nutzen. Gabler Verlag. Berlin.

PwC Studie Wirtschaftskriminalität 2011, S. 17. siehe: http://www.pwc.de/de/risiko-management/studie-zur-wirtschaftskriminalitaet-2011-kommissar-zufall-deckt-am-meisten-auf.jhtml, Stand vom 17.01.2014.

Ridder, Hans-Gerd (1999): Personalwirtschaftslehre. Kohlhammer, Stuttgart.

Schaaf, Christian (2009): Industriespionage: Der große Angriff auf den Mittelstand. Boorberg. München.

Schein, Edgar H. (2010): Organizational Culture and Leadership. 4. Auflage. . Jossey-Bass Business & Management. John Wiley & Sons, New York City.

SCHNEIDER, David (2009): Die arbeitsrechtliche Implementierung von Compliance- und Ethikrichtlinien, Verlag Nomos, Köln.

Schreyögg, Georg (2003): Organisation, Grundlagen moderner Organisationsgestaltung, 4. vollständig überarbeitete Auflage, Gabler Verlag, Wiesbaden.

Schwind, Hans-Dieter (2007): Kriminologie. Eine praxisorientierte Einführung mit Beispielen. (17. neubearbeitete und erweiterte Auflage Ausg.). Kriminalistik Verlag, Heidelberg.x

Sengenberger, Werner (1987): Struktur und Funktionsweise von Arbeitsmärkten. Die Bundesrepublik Deutschland im internationalen Vergleich. Campus Verlag, Frankfurt.

Steinmann, Horst; Schreyögg Georg (2005): Management. Grundlagen der Unternehmensführung. Konzepte-Funktionen-Fallstudien. 6. vollständig überarb. Auflage. Gabler Verlag, Wiesbaden

Tannenbaum, Robert; Schmidt, Warren H. (1958): How to Choose a Leadership Pattern. in: Harvard Business Review, 36/1958. S. 95-102.

Thommen, Jean-Paul; Achleitner, Ann-Kristin (2012): Allgemeine Betriebswirtschaftslehre, Umfassende Einführung aus managementorientierter Sicht. 7. vollständig überarbeitete Auflage. Springer Gabler, Wiesbaden.

WALDZUS, Dagmar, Whistleblowing in Deutschland: Ungeliebtes Stiefkind des Gesetz-ge-bers? In: BEHRINGER, Stefan (Hrsg), Compliance kompakt, Best Practice im Compliance Management, Verlag Erich Schmidt, Berlin, 2011, S. 311 – 334. .

Wassermann Dr., Martin (1931): Werkspionage und Vorschläge zu ihrer Bekämpfung. Verlag Dr. Walther Rothschild, Berlin-Grunewald.

Wiebe, Andreas (HG.) 2012: Wettbewerbs- und Immaterialgüterrecht. Facultas Verlag, Wien.

WKÖ/FH Campus Wien /.BVT (2011): Wirtschafts- und Industriespionage Handbuch Know-How-Schutz für die österreichische Wirtschaft. WKÖ. Wien.

Rechtstexte und Normen

EBRV StRÄG 1965,9,L/St § 124 Rz1
OGH 28.08.2012 12 Os 38/12y
ÖNORM S 2430:2011

The manufacturer's authorised representative in the EU is Springer
Nature Customer Service Centre GmbH, Europaplatz 3, 69115 Heidelberg,
Germany. If you have any concerns regarding our products, please
contact ProductSafety@springernature.com

Printed and bound by CPI Group (UK) Ltd, Croydon, CR0 4YY
26/04/2026
02097302-0007